배움이 습관이 될 때

14

배움이
습관이
될 때

사이토 다카시 지음

하진수 옮김

마인더브

배움이
습관이 될 때

초판 1쇄 발행 2021년 3월 5일

지은이   사이토 다카시
옮긴이   하진수
출판기획   마인더브
등록   2018년 3월 27일 (제307-2018-15호)
펴낸곳   경원북스
주소   서울시 광진구 아차산로 375(B1, 105호)
전화   02-2285-3999
팩스   02-6442-0645
인쇄   두경M&P
이메일   kyoungwonbooks@gmail.com

ISBN 979-11-89953-16-4 (03190)
정가 15,000원

세상 간단한 두뇌훈련법
14일 만에 공부가 습관이 되는 기술

속는 셈치고 2주간 도전해보라

'오장육부에 스며든다'는 말이 있다. 어떤 일이 몸에 밴다는 뜻인데 그렇게 되려면 최소한 일정의 시간이 필요하다. 예를 들어 공부할 때 처음 한두 시간은 컨디션이 궤도에 오르지 않지만, 뒤로 갈수록 차츰 몰입할 수 있게 된다. 싫어하는 과목을 공부할 때 물론 처음에는 괴롭지만 2주째로 접어들면서부터는 첫째 주와 크게 달라짐을 체감할 것이다. 첫째 주에 모호하던 내용도 2주째가 되면 마치 콩이 발효 과정을 거쳐 된장이 되듯 구체적인 의미를 저절로 터득하게 된다.

내가 '신체감각'으로 직접 경험한바, 하나의 무언가에 몰입해서 눈에 보이는 성과를 얻는 데 필요한 최소한의 시간이 2주이다.

어떤 테마든 단 2주만 노력하면 잘 담근 된장처럼 '농후한' 결실을 얻을 수 있다. 그 이후에는 가속도가 붙어 차츰 몸에 배게 된다. 일단 2주를 목표 기간으로 잡고 시도해보면, 지금까지 자신 없어서 도전조차 하지 않았던 분야, 싫어했던 분야, 오래 지속할 수 없다 여겼던 분야의 문턱이 한결 낮아질 것이다.

즐기는 것이 두뇌훈련 제1의 규칙이다

무슨 일이든 처음부터 너무 힘을 쏟아부어서는 안 된다. '이 일을 반드시 해야 한다', '그때까지 이 일을 꼭 끝내야 한다'라고 생각하면 중압감이 생겨서 일이 재미없고 귀찮아진다. 두뇌 단련도 마찬가지이다. 끝까지 못 해도 괜찮다는 자세로 임해야 쉽게 가벼운 마음으로 시도할 수 있다.

두뇌 단련에서 독서는 가장 중요한 요소이다. 나는 책을 한 번 구입할 때 열 권 정도 산다. 하지만 그중에서 끝까지 읽는 책은 고작해야 두세 권이다. 예전에는 구입한 책을 무조건 끝까지 읽어야 한다고 생각했다. 그런 탓에 지금처럼 많은 책을 사지 않고 꼭 읽을 책만 골라 샀다. 하지만 '열 권 중 일곱 권은 마지막 페이지까지 읽지 못한다', '다 읽지 않고 띄엄띄엄 읽겠다'고 처음부터 정해놓자 오히려 독서 시간이 늘었다.

열 권 중 어떤 책을 끝까지 읽을지는 책을 살 때 이미 정한다. 끝까지 읽겠다고 마음먹은 두세 권은 최소 2주 동안 철저히 함께한다. 그렇게 책을 읽은 결과 지적 영역이 훨씬 넓어졌다.

독서뿐 아니라 어떤 일이든 2주 동안 가능한 목표 범위를 정해 실행하고 그 성과를 눈으로 확인하는 사이클을 반복해보자. 그러면 일상이나 업무에 여유가 생길 것이다. 다양한 분야에 사이클을 만들어두면 '폭넓은 분야에 박식한 사람'으로 바뀔 것이다. 친구나 상사에게서도 '말을 참 재미있게 하는 사람'이라는 평을 들을 것이다.

업무와 상관없는 일에 따로 시간을 들여 공부하는 사람은 흔치 않다. 당신이 만약 "2주 동안 업무와는 별개로 이런 공부를 하고 있습니다"라고 말한다면 그것만으로도 매우 멋지지 않을까?

자신의 벽을 깨는 소소한 비법

현대인은 자신 주변에 두꺼운 벽을 쌓으며 사는 것 같다. 하기 싫은 일이나 못할 것 같은 일은 주변에 쌓아둔다. 살면서 이런 벽을 반드시 만나게 되는데, 극복 요령은 분명 있다.

나는 악기 연주를 못했는데 엉뚱한 계기로 악기를 배우게 된 경험이 있다. 우리 집 아이가 첼로를 배울 때 집에 찾아오는 사람마다 거실에 놓인 악기를 보고는 "선생님, 첼로를 연주하시나 봐요?" 하고 물었다. 그때마다 "아닙니다. 우리 아이 것인데…" 하고 일일이 설명해야 했다. 슬슬 설명하기가 귀찮아져서 그냥 첼로를 배우기로 했다.

분명 나 혼자서는 꾸준히 못할 테고, 선생님께 배우러 다니는 것도 오래 가지 못할 것 같았다. 평소 나 자신을 돌아봤을 때, 조금 호사스럽지만 방문 레슨을 받는 게 효과적일 듯했다. 3주에 한 번, 한 시간 동안 방문 레슨을 받았다.

당시 내 목표는 '잘하는 것'이 아니라 '계속하는 것'이었다. '이 곡을 완벽하게 연주해보자', '발표회까지 앞으로 며칠 남았으니 틀리지 않게 연주하자'라는 목적 같은 건 처음부터 없었다. 기를 쓰고 하면 싫증이 날 게 분명하니 너무 자주, 오래 연습하지 말고 오로지 3주에 한 번, 한 시간만 레슨을 받자는 다짐이었다.

그것이 효과를 발휘했는지 첼로 연주는 내 삶에 완전히 한 부분이 되었다. 전에는 상상도 하지 못한 '음악 하는 나', '악기 연주하는 나'라는 전혀 다른 정체성이 생겼다. 벽을 깨니 생각지도 못한 긍정적인 방향으로 세계가 확장되었다.

지적 단련을 위한 최고의 자극제

지적 단련을 위해서는 '사람과의 인연'도 빼놓을 수 없다. 고등학교 시절, 우리 학교에는 '나는 곧 물리'라고 말하는 독특한 캐릭터의 물리 선생님이 있었다. "물리와 만난다는 건 곧 나와 만나는 것이다. 내 안에 물리가 있다"가 그분의 철학이었다. 단순히 학생들에게 물리를 가르치는 매개체 역할에 머무는 게 아니라 스스로 물리의 '체현자'가 된 분이었다.

어쨌든 선생님의 물리 수업은 무척 재미있었다. 학생들은 좋은 성적을 받아야 한다는 강박 관념은 잠시 잊고 그저 물리를 좋아하게 되었다. 선생님의 인품 덕에 선생님이 가르치는 물리까지 저절로 좋아진 것이다.

고등학교 물리 선생님을 만난 것이 내 인생 최고의 행운이라고 생각한다. 물리를 전공하지는 않았지만, 선생님과의 만남 덕분에 '지적 탐구'를 즐길 줄 아는 사람이 되었기 때문이다. '사람과의 인연'은 두뇌 단련에 없어서는 안 될 자극제이다.

14일 후의 나를 기대하라

이 책은 '벽을 깨뜨리는 방법'을 내 나름대로 정리한 것이다. 힘으로 부수는 것이 아니라 벽 자체를 얇게 만드는 방법이다. 침 묻힌 손가락으로 조금만 누르면 찢어지는 장지문 정도로 얇게 만드는 것이다.

벽이 얇아지면 나도 모르게 찢고 싶어지는 마음이 들고, 재미가 붙어서 손가락에 더 많은 침을 발라 더 세게 누르면 조금씩 구멍이 커지고, 그 구멍과 구멍이 이어져서 결국에는 벽이 무너지는 논리이다. 벽을 깨기 위해 필요한 시간은 단 2주이다. 그 시간을 즐기며 2주 후 달라질 자신을 기대해보자.

![차례](메모장 아이콘)

차례

1장

2주 만에
'새로운 나'를 만나다

스포츠 트레이닝 방식을
두뇌 단련에 적용하다

지적 능력은 단련하는 것이다. 사람의 지능이나 지적 능력은 타고난 것만으로 결정되는 것이 절대 아니다. 후천적으로도 얼마든지 지적 능력을 높일 수 있다. 오히려 타고난 지적 능력보다 후천적으로 발달하는 비중이 더 클 것이다.

흔히 천재라고 불리는 사람들은 자신을 성장시키는 방법을 일찌감치 터득한 이들이다. 알베르트 아인슈타인도 처음부터 위대한 연구를 했던 것은 아니다. 매일 한계에 다다를 때까지 머리를 쓰고 공부를 계속하는 동안 두뇌가 발달된 것이다. 사람의 지적 능력은 후천적인 노력으로 만들어진다.

지적 능력의 이러한 특징은 스포츠 능력과도 일맥상통한다. 어떤 분야든 타고난 운동신경과 체력만으로는 실력 향상에 한계가 있다. 약간의 소질을 바탕으로 피나는 노력과 단련을 반복해야 실력이 향상된다.

단련 방법도 중요하다. 일류 선수 중에 '시간이 허락하는 대로 무작정 연습하는 것이 최선'이라고 생각하는 사람은 아무도 없다. 그들은 과학적 연구로 고안된 가장 효율적인 훈련 프로그램에 따라 집중적으로 연습한다.

중요한 것은 자신이 무슨 목적으로 무엇을 하고 있는지를 정확히 아는 일이다. 훈련의 목적, 즉 그 훈련이 자신의 몸에 어떤 효과를 가져다주는지 이해하고, 훈련하는 동안 모든 신경을 한곳에 집중한다. 그렇게 하면 최대의 효과를 낳는다. 어떻게 훈련하는가에 따라 실력이 몰라보게 향상되는 경우가 있는가 하면, 반대인 경우도 있다. 그래서 일류(프로) 운동선수는 막대한 비용을 들여 일류 코치를 고용한다.

나는 지금 대학에서 문학부 교수로 재직 중이지만 학창 시절에는 다양한 스포츠와 무술을 배웠다. 그 과정에서 올바른 훈련법을 알면 실력이 빨리 는다는 것을 알게 되었다. 단련을 잘할수록 운동 실력이 는다는 사실은 이미 오래전부터 확신했다.

지적 능력이나 공부도 마찬가지이다. 두뇌는 단련되기 마련이고 단련을 잘할수록 능력은 향상된다. 당연한 말이지만, 단련하지 않으면 능력은 향상되지 않는다. 능력을 향상시키기 위해서는 고도의 훈련이 필요하다.

나는 그동안의 경험과 고찰을 바탕으로 스포츠 트레이닝 방식을 공부에 적용해봐야겠다고 생각했다. 머리만이 아니라 육체도 함께 움직이면 합리적인 방법으로 지적 능력을 향상시킬 수 있다.

이제부터 내가 고안한 '두뇌 단련법'을 소개하고자 한다. 학원에 다니며 맹목적으로 지식을 주입하는 것만이 공부가 아님을 알게 될 것이다.

어떤 나무가 되어
어떤 열매를 맺을 것인가

지적 능력을 단련한다고 하면, 일반적으로 두뇌 중에서도 누리와 관련한 부분을 향상시키는 것으로 생각하기 십상이다. 책을 읽거나 단어를 외운다거나 어쨌든 책상에 앉아서 지식을 습득하는 것이라고 착각한다. 그것만이 공부라고 생각한다.

하지만 지적 능력의 단련 주체는 살아 숨 쉬는 인간이다. 지知란 인간이 소유하고 있을 때에만 비로소 효용이 있다. 지 자체만으로는 존재하지 못한다. 따라서 인간은 스스로 알고 싶은, 꼭 그만큼의 지적 능력만을 습득한다.

사과나무를 떠올려 보라. 사과는 그 자체만으로 열매를 맺지 못한다. 튼튼한 가지, 잎, 줄기, 뿌리 등의 몸통이 있어야 비로소 열매를 맺는다. 크고 달콤한 열매를 맺고 싶다면 나무 전반을 튼튼하게 가꿔야 한다. 지적 능력을 크게 키우기 위해서는 그것의 몸통에 해당하는 자신의 정체성을 견고하게 가꿔야 한다.

여기서 정체성이란 '어떠한 자격으로 산다는 의지로 가득 찬 마음'을 뜻한다. 정체성이 확고하면 공부 목적이 분명해진다. 사람은 반드시 해내야 하는 목적을 자각할 때 비로소 진심으로 공부할 의욕이 생긴다. 필요나 목적이 확실하다면 자신도 놀랄 만큼 공부에 열중하게 될 것이다.

반대로 목적도 의미도 없이 단지 '시험이 코앞이니 공부나 한번 해볼까?'라는 마음으로 시작한다면 제대로 된 성과를 기대하기가 어렵다. 그것은 공부를 위한 공부인 셈이기 때문이다. 그런 공부는 지루함과 고통의 극치일 뿐이다.

나도 고등학생 때는 여느 학생들과 마찬가지로 어쩔 수 없이 공부를 위한 공부를 할 수밖에 없었다. 그래서 나는 '무엇을 위해 공부하는가?', '공부해서 무엇을 하고 싶은가?'를 생각해보며 나 자신의 정체성을 탐구했다. 그 결과 정체성을 확고히 하는 일이야말로 공부 의욕을 불러일으키는 일임을 깨달았다.

지를 얻느냐 얻지 못하느냐는 자신이 어떤 나무를 갖고 싶어 하는가에 달렸다. 열매(지)와 나무 몸통(정체성)의 관계로 공부에 대한 사고방식을 전환하면 흙, 줄기, 가지를 손질하는 일 같은 소소한 작업을 반복하더라도 열중하게 된다. 시험, 진학, 취직, 승진, 임금 인상 등 눈앞에서 벌어지는 일에만 정신이 팔려서는 안 된다. 눈을

크게 뜨고 공부의 목적과 의의를 다시금 확인하는 일에서부터 지
적 능력의 단련은 시작된다.

3

분명한 목적이 있으면
의욕이 솟아난다

세상에는 다양한 사람이 있다. 공부는 학교에서 하는 것만으로도 지긋지긋하다는 사람이 있는가 하면 평생 꾸준하게 공부하는 것을 좋아하는 사람도 있다. 후자는 자신의 정체성이 확립돼 있는 사람이다.

예컨대 에도시대(1603~1867) 말기와 메이지 유신 시기에 등장하는 인물들을 생각해보자. 요시다 쇼인(사상가·교육자)과 가쓰 가이슈(일본 해군을 근대화한 고위급관리), 사카모토 료마(무사, 실질적인 일본의 근대화를 이끈 인물), 사이고 다카모리(무사, 정치가) 같은 유명 인사들 말이다.

일본의 권력을 누가 장악해야 옳은지, 외세의 압박에는 어떻게 대응해야 하는지 등 모든 것이 혼란스러웠던 개화기에 그들은 열심히 공부했고 왕성하게 활동했다.

다양한 사상 가운데에 가장 주류를 이루던 것은 '우리 번(영주가 지배하는 영지와 통치 기구)을 위해서' 또는 '우리 주군을 위해서'라는 발상이었다. '초슈 번 사람이라면 초슈 번을 위해서, 사쓰마 번 사람이라면 사쓰마 번을 위해서'라는 생각이 원동력이었다.

이러한 시대 상황 속에서 학문을 추구하기 위해 초슈에서 에도로 나온 요시다 쇼인은 사쿠마 쇼잔(일본의 서구화를 주창한 정치가·학자) 같은 이에게서 가르침을 받았다. 결국은 자신이 소속된 번을 몰래 탈출해 도호쿠 지방으로 갔고, 해외 밀항을 기도하다 투옥되기도 했다. 그는 자신이 속한 번이라는 틀을 넘어 보다 큰 전망, 이를테면 일본의 미래를 위해 공부했다.

메이지 유신의 인물들은 개개인이 서로 다른 사상을 가졌으나 이를 초월해 공통적으로 명확한 목적이 있었다. 그들은 자기 혼자만을 위해서가 아니라 집단을 위해서 무엇인가를 달성하고자 열망했다. 이처럼 분명한 목적을 가지면 의욕이 샘솟는다. 학습 의욕의 가장 밑바닥에 불이 붙는 것이다. 메이지 유신의 지사들은 모두 그런 정체성을 확립했고 이를 통해 활발한 활동을 할 수 있었다.

합격 후 공부에
흥미를 잃는 이유

자신의 확고한 정체성을 찾아내지 못한다면 그 노력과 인내도 언젠가는 끝나게 돼 있다. 그 전형적인 예가 바로 '시험을 위한 공부'이다. 오로지 눈앞의 시험만을 위해 공부하면 대개 자기 혼자만의 이해관계에 따라 움직이게 된다. 그렇게 하면 시험이 끝나자마자 공부할 마음이 완전히 사라진다.

자기 혼자서 '진학을 위해', '취직을 위해' 공부하다가 그 목표가 사라져버리면 더 이상 공부를 계속할 이유가 없어진다. 사소하고 근시안적으로 이익을 좇다 보면 공부하고자 하는 마음이 금방 소진된다.

"필사적으로 공부해서 좋은 대학에 들어갔지만, 그것으로 끝이었다"라는 말을 자주 들었을 것이다. 초등학교 때부터 학원에 다니

며 밤낮없이 공부에만 매달린 아이가 중학교 입학시험에 합격하고
나서 공부에 완전히 흥미를 잃는 경우도 있다. 지쳐버린 것이다.

힘들게 일류학교에 입학한 학생 중 20% 정도가 공부 의욕 상
실 상태에 놓인다고 한다. 그들에 대해 '게으름 피운다'라거나 '요즘
아이들은 뭔가를 하고자 하는 의욕이 없다'라고 단정 짓는 것은 잘
못이다. 의욕을 상실하게 된 배경을 조금만 생각해보면 원인은 금
방 드러난다. 자신의 정체성이 없는 것이 문제이다.

정체성을 자각하면
지적 활력이 높아진다

역사적인 인물들을 모방하지 않더라도 정체성은 다양한 형태로 나타난다.

1. 자신을 위한 일

2. 남을 위한 일

두 가지 정체성 형태가 겹쳐지는 부분, 즉 '자기를 위한 일이면서 남을 위한 일이기도 한' 정체성도 있다. 그중 하나가 이른바 향토 의식이다.

남규슈의 중심 도시인 가고시마에서 온 친구가 있다. 그는 고향에 살 때, 같은 규슈 지역이라도 오이타현과 가고시마현은 전혀 다르다고 생각했다. 차이점만 의식했던 것이다. 그런데 고향을 떠나 도쿄에 와보니 그런 생각은 옅어졌고 같은 규슈 지역이면 마냥 반가운 마음이 들었다. 오이타현이든 미야기현이든 상관없이 규슈 지역 출신이라는 것만으로도 친밀감이 형성되는 것이다.

그렇게 그는 처음으로 '규슈'라는 것에서 정체성을 발견했다. 그러자 '규슈를 위해 뭔가 하고 싶다'는 마음이 생겼고 동시에 그것이 자신을 위한 일이 되었다. 이것이 '남을 위하여'와 '자신을 위하여'가 겹쳐진 상태이다. 그는 단순히 자신이 규슈에서 태어났다는 사실 인식을 넘어, 자신이 규슈에 속한 일원이라는 것에 자부심을 느꼈다. 이처럼 귀속감에 자부심을 느끼는 것이 정체성이다.

공통된 정체성을 가진 사람끼리는 서로 정신적으로 의지가 된다. 반대로 공부를 위한 공부를 하는 사람은 두 가지 형태 중 어느 것에도 포함되지 않는다. '자신이 무엇이 되고 싶어 공부한다'는 자각도 없을뿐더러 '타인과 세상을 위해 공부한다'는 의식도 없다. 어떠한 정체성도 없으니 곧 힘에 부쳐 중도에 그만두는 게 당연하다.

자부심이 없으면
추진력은 생기지 않는다

정체성에 연연하는 이유는 그것이 일을 완수해내는 힘과 직결되기 때문이다. 사람은 목적 없이 행동하지 않는다. 구덩이를 파라고 지시하면 "왜요?"라고 묻는 것이 당연한 이치이다. 생각을 실행에 옮기는 것도, 실행을 지속하고 발전시키는 것도 모두 목적이 확실해야 가능하다. 목적의 기초를 이루는 것이 바로 정체성이다.

정체성은 단순히 자신이 홀로 존재한다고 해서 성립하는 게 아니다. 가령 어느 집이든 고유의 가풍이 있고, 이는 곧 그 집의 정체성으로 이어진다. 자신이 발을 딛고 선 근간을 의식하고 그곳에 소속된 자신을 인식함으로써 정체성이 성립된다.

누군가가 소속을 물었을 때 '어디에 소속되어 있다'라고 단순한 사실을 대답하는 게 아니라 자부심을 가지고 표명해야 한다. 자부심 없이는 정체성이라 할 수 없다. 정체성은 목적을 성취하는 데 강력한 원동력이 된다.

"나는 ○○의 직원입니다"라고 어깨를 펴고 자랑스럽게 말하는 회사원은 적극적이고 파워가 넘친다. 그는 '다른 동료가 봐서 창피할 일을 해선 안 된다. 제대로 일하자', '회사 선배들도 이런 고생을 이겨냈으니 나도 열심히 하자'라고 생각한다. 반대로 회사에 자부심이 없는 사람은 소극적이고 의욕이 없다. '이 직장에 다녀봐야 뻔하다. 그만둘까?'라고 생각한다.

사원이라는 신분만으로는 정체성을 만들어내지 못한다. 자신이 딛고 서야 할 근간이 없다면 무슨 일이든 원동력이 생기지 않는다. 최대한 자신의 정체성을 명확히 하고 확장해 나가는 것을 최우선으로 삼기를 바란다.

7

14일이 지나면
공부가 즐거워진다

공부란 반드시 무언가를 이루기 위해서 하는 것만은 아니다. 무언가를 이루지 않아도 공부는 그 자체로 즐겁다. 취미나 오락 삼아 하는 연구가 그 전형적인 예이다.

내가 이 책에서 제안하는 것은 어느 정도 실리적인 성과를 낳기 위한 목적으로 하는 공부이다. 그렇다고 해서 실리만을 좇는다면 발등에 떨어진 시시한 공부에만 초점이 맞춰질 우려가 있다.

공부 요령뿐 아니라 근본적인 '사물에 대한 사고방식'을 몸에 익힌다면 공부가 즐거워지고 매사에 의욕이 생길 것이다. 바로 이런 이유로 사람은 우선 자신이 발 딛고 선 기반을 확실히 의식해야 한다. 그다음에 같은 정체성을 가진 사람들과 공통된 의식으로 지적 단련을 하면 공부에 가속도가 붙을 것이다.

이것이 가능해지면 상상도 못할 일이 벌어진다. 2주가 지나면 '내가 그동안 공부를 잘했구나', '내가 변화했구나' 하고 실감할 것이다.

8

멀리 보는 시야를 가져야
꾸준히 공부한다

공부를 지속하는 끈기를 발굴하기 위해서는 나 자신에게 아래의 질문을 던져보고 답을 찾는 것이 중요하다.

- 나는 누구인가?
- 내가 발을 딛고 선 기반은 무엇인가?
- 재미없는 공부를 계속 열심히 하게 할 근원은 무엇인가?

공부하는 자신의 정체성을 확인해야 한다. 내 대답은 '일본인'이었다. 일본인이라고 하면 막연한 듯하지만 이보다 범위를 더 좁힐 경우 느낌이 좀 달라진다. 나는 일본 시즈오카현 출신으로 애향심이 강한 사람이지만 '시즈오카현 출신'으로 스스로를 옭아매자니 뭔가 약하다는 생각이 들었다. 그렇다고 '아시아인'이나 '세계인'으로 확장하자니 이번에는 뭔가 너무 확대된 듯했다.

그래서 '일본인'을 정체성으로 두고 생각해보았다. 그러자 '지금의 초등학교, 중학교, 고등학교 수업은 이대로 좋은가?', '그들은 소중한 시간을 헛되이 쓰고 있지는 않은가?'라는 생각이 들며 나라가 걱정되었고 이를 그대로 방치하면 안 되겠다는 생각마저 들었다.

게다가 나는 열성적인 선생님에게 좋은 교육을 받았다. 그렇기에 더욱 그런 교육을 받지 못하는 아이들에게 뭔가를 해주고 싶다는 생각이 강했다. 이 같은 연유로 나는 교육을 직업으로 선택했다.

나로서는 자국민을 이롭게 만드는 일, 즉 교육의 질을 높이는 일이 꼭 이루어야 할 과업이라는 게 결론이었다. 유감스럽게도 아직은 이 사명을 다하지 못했다. 쉽게 이룰 만한 사명이 아니기에 오히려 강한 자극제가 되어 꾸준히 공부할 수 있게 한다.

| 2장 |

예리한 질문을 할 수 있다면
반은 성공이다

1

흉내를 내는 것이
배움의 출발점이다

　사람들은 지성인을 좋아한다. 혹시 자신은 좋아하지 않는다고 생각한다면 박식하지만 잘난체하는 사람이나 조금 아는 걸 크게 아는 척하는 사람에게 질린 탓이리라. 사람마다 지성의 정도가 다른 것은 당연하지만, 결코 지성이 하찮은 것으로 치부되어서는 안 된다.

　배움은 인간의 근원적인 욕구이다. 그래서 사람들은 진정한 지성인을 만나면 자연스럽게 끌리고 함께 있고 싶어 한다. 나아가 가능하다면 자신도 그 사람처럼 되길 바란다. 이러한 지성인에 대한 동경을 존경이라고 표현할 수 있겠다. 존경이란 자신보다 뛰어난 사람에 대한 경의이다.

　존경하는 마음은 배움에의 갈망에만 영향을 미치는 것이 아니다. 닮고 싶은 그 사람을 존경하는 마음이 있느냐 없느냐에 따라 스스로가 내는 의욕과 추진력의 크기는 전혀 달라진다.

예컨대 당근을 싫어하는 아이가 있다고 하자. 아이는 부모에게 아무리 야단을 맞아도 절대 당근을 입에 대려 하지 않는다. 그럴 때 아이에게 "네가 좋아하는 아이돌 ○○는 매일 당근 주스를 마신 대" 하고 말해보라. 아이가 갑자기 의욕적으로 당근을 먹을지도 모른다. 아이돌을 동경하는 마음이 바탕에 깔려 있기 때문이다.

사람은 어떤 사람을 존경하면 '나도 그렇게 되고 싶다'고 바란다. 상대의 이런저런 모습을 흉내 내고, 상대가 좋아하는 것을 따라서 좋아하려고 한다. 그동안 싫어했던 당근조차 좋아하려고 하는 것이다.

'배우다'는 의미의 일본어는 '마나부^{学ぶ}'와 '마네부^{真似ぶ}'가 있는데, '마네부'에는 '흉내 내다'라는 의미도 있다. 흉내는 배움의 출발점인 것이다. 그런데 존경심이 있어야 닮고 싶은 마음이 들고 흉내를 낸다. 그런 의미에서 배움의 진정한 출발점은 존경심이 아닐까.

2

공부할 수 있는 시기는
한정되어 있다

배움에서 존경심은 아주 중요하다. 존경할 만한 상대가 있다면 이미 그 자체만으로도 행운이다. 실제로 세상을 관찰해보면 빼어난 인물들에게는 대개 존경하는 대상이 있다. 스포츠, 학문, 예술 등 분야를 막론하고 존경하는 사람의 영향을 받아 열심히 했다고 말하는 사람이 많다.

"그분을 만난 것이 제게는 큰 행운이었습니다."

"그 사람을 목표로 피나는 노력을 했습니다."

성공한 사람들은 존경할 만한 상대를 좇아 성장한다. 그런데 정말 존경할 만한 상대를 우연히 만나서 성공했던 것일까? 애초에 그들이 타인에게서 존경할 만한 부분을 발견하고 솔직히 인정할 수 있었기 때문에 그런 만남이 가능했던 것이다. 지금 존경하는 누군가가 없는 사람은 타인의 뛰어난 점을 발견하고 인정하는 능력이 부족한 것일지도 모른다.

어쨌든 사람의 일생에는 교양과 지를 동경하는 시기가 있어야 한다. 그 시기는 이왕이면 조금이라도 빠른 것이 좋다. 원래대로라면 학창 시절이어야 한다. 모든 것을 배우기에 충분한 시간과 장소가 준비되어 있기 때문이다. 학생 때는 지를 즐기고 신장하는 환경이 마련돼 있다.

그러나 유감스럽게도 지를 즐기기엔 현실이 너무 빡빡하다. 특히 대학 입시를 앞둔 시기는 너무 바쁘다. 대부분의 학생은 입시 공부에 급급해서 지를 좇을 정도로 공부의 즐거움을 맛보기가 힘들다.

대학생이 뇌고 난 후에야 겨우 지에 눈뜨는 것이 현실이다. 한 과목에 차분하게 몰두하고 교수를 따르고 좋아하다 보면 자연스럽게 지를 좋아하고 학문에 빠져들게 된다.

하지만 현장에서 지켜본바 학문의 즐거움을 알게 될 때쯤 졸업하는 학생을 많이 보았다. 오랫동안 대학에서 교편을 잡다 보니 알게 된 사실인데, 대부분의 학생이 학점을 잘 주는 과목을 우선적으로 선택한다. 수준 높은 교수가 가르치는지, 재미있는 과목인지가 기준이 아니라 학점 관리하기가 수월한 과목인지가 기준인 경우가 많다. 그렇게 대학 시절을 보내다 졸업할 때 후회하는 것이다.

'좀 더 좋은 선생의 강의를, 앞자리에 앉아 제대로 들을걸 그랬어'

'왜 그렇게 아무렇게나 시간을 보냈을까?'

후회를 넘어 아쉬워하며 지난날을 반성하는 시기가 오는데, 대략 사회에 나가 지의 가치를 깨닫는 30세 이후이다.

중고등학생 때에는 입시에 초점이 맞춰져 있기 때문에, 대학 때에는 재미없는 입시 공부에서 해방되었다는 반작용 때문에 지의 가치를 모른다. 이해는 가지만 아쉬울 따름이다. 마음껏 배우라고 밥상을 차려주고 받아먹기만 하면 되는 시간이 인생에는 한정돼 있기 때문이다.

3

안일함에 젖은
자신을 느낄 때

학교와 달리 사회인들이 모여 공부하는 '평생교육원'이라는 곳이 있다. 모이는 학생들의 연령은 30대에서 80대까지 폭넓다. 직업도 회사원, 주부, 무직자, 정년퇴직자 등 다양하다. 평생교육원에서 가르칠 기회가 종종 있는데, 수강생 모두 교양과 지知를 갈망하고 진심으로 얻고자 한다.

수강생 중에서도 고된 일을 하며 어떻게든 수업에 출석하는 간호사가 있었는데 의지가 남달랐다. 혼신의 힘을 다해 공부하겠다는 의욕이 온몸에서 발산됐다. 배우고 싶다는 마음이 나에게까지 전해질 정도였다.

맨 앞자리는 늘 인기였다. 뒷자리와 구석 자리부터 차기 시작하는 대학 강의실 풍경과는 사뭇 다르다. 꾸어다 놓은 보릿자루처럼

배움이 습관이 될 때

앉아 타성에 젖은 채로 수업을 듣는 대학생들보다 오히려 평생교육원 수강생들의 배우려는 자세가 더 진지하고 의욕적이다. 학생과 사회인의 태도가 극명하게 다르다 보니 어째 '배우는 사람'이라는 뜻의 '학생'이라는 명칭이 무색하다.

평생교육원을 찾는 사회인들에게서는 교양과 지에 대한 존경심이 선명하게 드러난다. 그들에겐 학점을 따야 한다거나 졸업을 해야 한다는 제약이 없다. 공부할 것인지 말 것인지는 철저하게 본인에게 달려 있다. 제약으로부터 자유로운 만큼 공부를 계속하기 위해서는 배우려는 의욕을 유지해야 한다. 지에 대한 존경은 그 의욕을 유지하는 원동력이 된다.

밤에 열리는 평생교육원에 대학생들이 참가해 그룹 토론수업을 했을 때의 일이다. 사회인들의 의욕적인 발언이 이어지고 토론이 깊이를 더해가자 학생들은 사회인들에게 크게 자극을 받았나 보다. 그제야 '우리는 일을 하는 것도 아니면서 배우려고도 하지 않았다'라는 사실을 깨닫고, '그렇다면 우리에게는 아무것도 없지 않은가?'라고 반성하는 눈치였다.

이런 자극은 커다란 변화를 낳았다. 토론 이후 이루어진 학교 수업시간에 학생들이 적극적인 태도를 보인 것이다. 의욕적으로 배우고자 하는 사회인들을 보고 간접적으로나마 교양과 지의 가치를 이해한 것이리라. 학생들은 자신들이 무심코 방치하고 있던 것의 가치를 깨달았다. 배움에 전념할 수 있는 환경에 있다는 사실이 얼마나 축복받은 일인지 비로소 알게 된 것이다. 그 순간 교양과 지에 대한 존경심이 생겨난다. 지에 대해 존경하는 마음이 생기면 공부에도 재미를 느낀다. 재미있다고 생각하면 배움은 즐거움이 된다.

4

철저하게 실존주의적으로
살아보라

평생교육원에 오는 사회인들처럼 본인 스스로 선택하고 책임지
며 미래를 만들어가는 것이 실존주의적 태도이다. 실존주의는 칼
야스퍼스^{Karl Jaspers}, 마틴 하이데거^{Martin Heidegger}, 장 폴 사르트르^{Jean Paul Sartre} 등의 철학자와 함께 20세기 전반에 활발히 논의되며 알려
진 사상이다.

실존주의를 굳이 한 문장으로 정리하자면 '인간이라는 현실 존
재는 사물과 다르므로 스스로 미래를 선택해 긍정적으로 살자'쯤
될 것이다. 실존주의 사상에 따르면 인간은 이 세상에 내던져진 존
재이다. 우리는 어디에서 태어나게 될지, 애당초 생명체로 태어날지
말지도 선택한 적이 없다. 자신이 어떻게 할 수 있는 영역이 아닌
것이다.

자신의 의지와 상관없이 내던져져 이 세상에 존재한다는 것은 불합리이자 부조리라 할 수 있다. 그럼에도 인간은 스스로 미래의 행동을 선택한다. 또 그 선택에 의해 향후 자신의 모습을 바꿀 수 있다. 바로 이 '선택'이라는 행위에 사람의 미래가 달려 있다.

그래서 나는 신중하게 선택하는 행위를 '실존주의적 선택을 했다'라고 표현한다. 다시 말해 실존주의적으로 사는 사람은 본인 스스로 행동을 선택한다. '나는 어떤 것을 공부할 것인지', '지적 능력을 단련해서 무엇을 할 것인지'를 스스로 선택하며 살아가는 방식이다.

반면 이런 선택을 전혀 하지 않고 하루하루 무의미하게 흘려보내는 비실존주의적 생활도 있다. 아무 생각 없이 살아가며 젊은 에너지를 낭비하면 놓쳐버리는 일이 많다. 언젠가 '나는 지금까지 무엇을 하며 살아왔나?'라고 생각하는 순간이 오면, 공허함에 휩싸이게 될 것이다. 아무런 보람도 없어 인생의 허무함에 탄식하는 날이 올지도 모른다.

지를 추구하는 태도는 상당히 실존주의적일 수 있다. 얼마든지 에너지를 쏟아부어도 되고, 쏟아부은 만큼 보답이 온다. 공부하면 할수록 심오함이 깊어진다. 예를 들어 셰익스피어를 대충 읽어서는 그의 작품이 왜 그토록 극찬을 받는지 크게 와닿지 않는다. 하지만 어떤 작품이든 하나를 골라 연구해보면 왜 세상이 그를 높이 평가하는지 이해할 수 있다. 엄청난 수에 달하는 연구 논문을 찾아보며 셰익스피어 작품의 비밀을 파고들수록 그 위대함에 압도당하게 된다.

스스로 자기 계발을 계속해 나가며 끊임없이 성장해 감동을 맛보는 인생을 살아보고 싶지 않은가?

5

익숙한 것도
세세하게 보면 다르다

그림, 조각 등 미술 작품을 매회 한 점씩 선정해 30분간 소개하는 〈미의 거장들^{美の巨人たち}〉이라는 TV프로그램이 있다. 작품을 세세한 부분까지 확대해서 보여준다는 데 이 프로그램의 재미가 있다. 클로즈업하면 그냥 눈으로 봤을 때 보이지 않던 부분이 뚜렷하게 보인다. 복잡하게 색이 중복된 모습이나 화가의 세밀한 붓놀림까지 확연하게 알 수 있다. 새로운 점을 발견하고 '아, 이런 그림이었구나' 하고 새삼 놀란다.

세세한 부분까지 하나하나 파헤쳐서 보여주니 이미 알던 작품도 전혀 다른 모습으로 다가온다. '지금까지 내가 본 건 아무것도 아니었구나!'라고 생각될 정도이다. 그뿐만이 아니다. 검증 작업을 진행하면서 작품이 성립되는 과정과 배경까지 속속들이 들려준다.

"화가는 왜 그걸 소재로 삼아 그림을 그렸을까?"

"왜 저런 포즈로 그렸을까?"

"누구를 위해, 무엇 때문에 이 작품을 만들었을까?"

끊임없이 질문을 던짐으로써 막연히 보기만 해서는 다다르지 못하는 깊은 미궁 속으로 시청자들을 끌어들인다. 그러다 마침내 작가의 인간성과 그 그림을 낳은 시대적 배경까지 수면 위로 떠오른다. 〈미의 거장들〉은 그러한 세세한 사항을 시청자에게 보여준 후 마지막으로 다시 한번 작품을 비추며 끝맺는다.

미술 프로그램은 보통 이런저런 작품을 다양하게 소개하는 경우가 많다. 하지만 이 프로는 한 회에 딱 하나의 작품만 스포트라이트를 비춰준다. 이렇게 작품의 세세한 부분까지 철저하게 파고들어 큰 의미를 찾아내려 한다는 점이 흥미롭다.

6

어색하게 느껴지는 부분을
질문하라

〈미의 거장들〉에서는 질문이 중요한 역할을 한다. 작가의 내면
을 파헤치는 질문을 던짐으로써 보는 사람이 30분간 꼼짝 못하고
화면에서 눈을 뗄 수 없게 한다. 시청자는 던져진 질문에 답을 찾
으려고 집중한다.

질문을 던지는 일 없이 단순히 작품 소개만 한다면 기껏 시간
내에 시청해도 얻는 것이 그다지 없을 것이다. "우와, 아름답다", "박
진감 넘치네" 정도의 감상으로 끝나리라. 미술관에 가서도 아마 그
정도의 감상으로 끝나는 사람이 대부분일 것이다.

하지만 좀 더 나아가 세세한 부분까지 파고들면 보이지 않던 것
이 보인다. 안으로 한 발짝 들여놓으면 비로소 작가의 고뇌와 기쁨
에 눈길이 간다. '왜? 무엇을? 어떻게?'라는 의문이 생긴다. 그리고

배움이 습관이 될 때

내면의 세계가 보이고 몰랐던 깊이와 심오함이 보인다.

앞을 모르는 동굴일수록 탐험하고 싶어지는 것처럼 인간은 자신이 알지 못하는 부분까지 가보고 싶어 하는 존재이다. '신경 쓰이는 부분에 주목해 질문하는 것'이 바로 공부의 요령이다.

"이 부분이 좀 이상하네, 왜 그럴까?" 하고 어색한 점을 찾아냈다면 우선 그 부분에 주목해 질문해보라. 한 발짝만 들여놓으면 그 안에 또 다른 무언가가 있음을 알게 된다. 산길을 가다 커브를 돌면 다음 커브가 보이는 것처럼 새로운 질문이 생겨난다. 그다음은 반복이다. 끊임없이 "어째서? 왜 그럴까?"라고 질문을 던지고 세세한 부분까지 계속 파고들어라.

똑같이 먼 길을 가더라도 두 가지 방법이 있다. 단순히 지식만 채워 넣는 공부는 낯설고 먼 길을 남이 시켜서 가는 것과 같다. 언제 도착할지도 모르고 신나지도 않다.

반대로 스스로 세세한 부분에 주목해서 질문을 찾아내고 답을 구하는 공부는 소풍을 가는 것과 비슷하다. 멀고 낯선 곳이라도 힘들지 않다. 오히려 낯선 길이라 재미있다. 학문의 참다운 즐거움은 여기에 있다. 자신이 생각해낸 질문이므로 흥미로운 건 당연하다. 세세한 부분에 착안해 질문하는 능력은 깊이 있는 공부로 이어진다.

7

의문을 가지면
공부가 재미있어진다

'문제를 제기하는 방법'은 교사 입장에서 생각해보면 '의문을 품게 하는 능력'이다. 잘 가르치는 선생님은 의문을 품게 하는 능력이 있는 사람이다. 그들은 문제 제기 방법이 탁월하다.

의문을 품게 하는 것은 질문을 던지는 것과는 확연히 다르다. 예를 들면 "가마쿠라 막부(일본 최초의 무사 정권)는 언제 시작되었는가?"라는 질문에서 의문을 품게 하는 질문이란 "메이지 유신은 왜 성공했는가? 전후 민주주의란 무엇인가?"라고 묻는 것을 말한다.

의문을 품게 하는 것이란 다시 말하면 상대방이 생각할 수 있는 문제를 제기하는 것이다. '듣고 보니 이상하다. 왜 그런지 모르겠다. 왜 그랬을까?' 하고 생각하게 만드는 능력이다.

어느 직원이 상사에게서 "그 학자는 어떤 사람인가?"라는 질문을 받았다. 학자와 상사는 조만간 만나기로 예정돼 있었다. 상사가 이미 알고 있으리라고 생각했지만, 부하 직원은 "여차저차하고 이러이러한 저서가 있고…"라며 일단 자신이 아는 점을 말했다. 다음 날 상사는 어제와 같은 질문을 했다. "그 학자는 어떤 사람인가?" 부하 직원은 '상사가 설마 치매에 걸린 건가?'라고 생각하며 전날과 같은 대답을 했다. 하지만 상사는 다음 날 또다시 같은 질문을 했다. "그 학자는 어떤 사람인가?"

그때 머릿속에서 불현듯 무언가를 깨달은 부하 직원은 학자의 저서를 밤새 읽고 그 개요를 테이프에 녹음했다. 다음 날 상사에게 그것을 건넨 후 반응을 기다렸다. 다음 날 아침 상사는 만족스러운 얼굴로 칭찬을 했다.

요컨대 상사는 부하 직원에게 바라는 일을 명령한 것이 아니라 해야 할 일을 스스로 생각하기를 바라며 문제를 제기한 것이다. 부하 직원은 그것을 제대로 파악해 스스로 질문하고 답을 이끌어 냈다.

상사가 만약 "조사 좀 해줘"라고 했다면 단순한 업무 지시로 들려서 같은 일이라도 그 작업이 재미없었을 것이다. "자네가 지금 해야 할 일이 무엇인가?"라고 말하면 직접적으로 질문하는 꼴이 된다. 상사는 "어떤 사람인가?"라고 질문함으로써 부하 직원이 스스로 질문의 올바른 답을 찾아내게 했다. 바로 그 부분이 의문을 품게 하는 능력이다.

좋은 교사가 되려면 의문을 품게 하는 능력이 필요하다. 단순히 지식만 전달해서는 지루한 수업으로 전락하고 만다. 거꾸로 말해서 재미있게 공부하고 싶다면 여러 가지 세세한 부분을 탐색하고 스스로 질문을 만들어야 한다.

8

한 번 더 의심하면
남다른 결과가 나온다

위대한 사상가들은 자고로 의문을 제기하는 능력이 뛰어났다. 인간을 세밀히 관찰한 끝에 다음의 의문을 제기했던 사람이 바로 정신분석학자 지그문트 프로이트^{Sigmund Freud}이다.

'인간의 모든 행동은 성적인 욕구와 관련된 건 아닐까? 그것을 억압하기 때문에 히스테리가 생기는 게 아닐까?'

일종의 성적 불완전감이나 욕구불만이 다양한 형태로 꿈에 나타나거나 행동으로 표출된다는 생각은 지금까지도 폭넓은 지지를 받으며 정설이 되었다. 그가 생각해낸 의문이 옳았다.

하지만 당시에는 '인간이 그렇게 추잡할 리 없다', '프로이트는 무엇이든 섹스와 결부시키는 외설스러운 자다'라는 맹렬한 반론이 있었다. 당시 사람들은 프로이트의 발상을 이상하다고 여겼다.

일찍이 아무도 착안하지 않았던 부분에 의문을 가졌기에 프로이트는 지금까지 이름이 남는 사상가가 되었다. 바로 그 점이 위대하다. 의문을 제기하는 위대한 능력이 그저 존경스러울 따름이다. 문제 제기에만 그치지 않고 답을 찾느라 애쓴 그의 어마어마한 작업을 상상하면 더욱더 숙연해진다. 과연 한 개인이 그렇게 위대한 업적을 남기는 일이 가능한 것인지 놀랍다.

일본 민속학의 창시자이자 사상가인 야나기타 구니오^{柳田國男}도 대단한 인물로 평가된다. 그는 '서민'이라는 개념을 새롭게 제안하며 보통 사람들의 평범한 일상 속에 훌륭한 것이 들어 있다고 생각했다.

원래 야나기타 구니오는 대학에서 농업행정을 배우고 농상무성 공무원으로 근무하던 엘리트였다. 그러다 업무상 전국을 돌아다니던 중 지방의 민속, 이를테면 민중의 생활 방식에 관심을 가지게 되었다. '그 지방에만 존재하는 독자적인 민속은 그대로 두면 사라져버린다. 그러니 반드시 수집해야 한다'라고 판단한 그는 전국적으로 함께 일할 사람들을 늘려가며 지역별 풍속과 전승을 기록하고 자료를 수집했다.

책도 많이 썼다. 단순히 민속자료만 수집한 것이 아니라 문제의식을 지니고 일본의 미래를 내다보며 전승 활동을 하겠다는 뜻으로 한 집필이다.

내 방에도 야나기타 구니오의 책들이 나란히 꽂혀 있는데, 특히

배움이 습관이 될 때

그의 저작을 모아 만든 『야나기타 구니오 전집』은 30여 권에 달해 그의 열정을 가늠하게 한다. 책 내용을 논하기 전에, 한 사람이 이렇게 많은 글을 썼다는 사실 하나만으로도 감탄하게 된다. 물론 이 책들을 다 읽는 일도 간단하지 않다.

그런 야나기타 구니오가 일관되게 질문한 것이 '일본인이란 무엇인가?'였다. '민속이라는 개념조차 없었던 시기에 무에서 유를 창조하듯 질문을 발견하고 발전시켰다. 나는 그 추진력에 압도당했고 큰 자극을 받았다.

야나기타 구니오는 위대하다. 프로이트는 위대하다. 그 위대함의 근본에는 의문을 제기하는 능력이 있었다. 배움에는 스스로 하는 질문이 중요하다.

3 장

전체적인 흐름을 파악하는
능력을 키우다

성실한 당신이
놓치고 있는 한 가지

2장에서 세심한 부분까지 파고드는 일이 왜 중요한지에 대해 설명했다. 그런데 단순히 세심하게 보기만 하면 안 된다. 모든 일을 새처럼 한눈에 내려다보는 능력, 작은 일에 얽매이지 않고 대세를 파악하는 능력이 우선되어야 한다. 다시 말해 큰 흐름을 파악하고 난 후 세부로 깊이 파고들어야 한다.

세세한 부분이면 뭐든 다 좋은 것도 아니다. 분기점이라고 할 만한 포인트를 발견하는 일이 중요하다. 막부를 예로 들어보자. 사카모토 료마坂本龍馬는 매사에 열심인 사람이었지만 공부는 열심히 하지 않았다. 말하자면 열등생에 가까웠다. 배울 의욕은 있었지만 사쿠마 쇼잔佐久間象山 같은 학자와 비교하면 지식 면에서는 훨씬 뒤떨어졌다.

하지만 그에게는 시대의 큰 흐름을 파악하는 능력이 있었다. 당시 많은 사람이 '이대로 가다가는 일본은 글렀다. 외세의 공격을 받아 중국처럼 반식민지가 될지도 모른다'며 위협을 느꼈고 '그렇다면 어떻게 하면 좋을까?'를 생각했다. 시대의 흐름을 잘못 읽은 사람들은 외국인에게 칼을 겨누었다. 이것이 '외국은 적이다. 쫓아내자'고 주장했던 양이사상이다.

사카모토 료마도 처음에는 존왕양이(왕권 복구와 서양 척결을 주장하는 사상)를 추구하는 하급 무사들을 규합해 토사 번에 도사근왕당이라는 집단을 만들었다. 개국파인 가쓰 가이슈勝海舟를 처음 만났을 때 료마는 "막부의 녹을 먹는 사람이면서 개국을 외치다니 어찌된 일인가? 외적은 베어버려야 한다"고 강하게 맞섰다.

가쓰 가이슈는 매사를 멀리 내다보는 능력이 뛰어난 인물이었다. 그는 료마에게 이렇게 말했다.

"지금 일본인이 외국인을 벤다고 해서 바뀌는 건 아무것도 없다. 외국에 대항하기 위해서는 먼저 군대, 특히 해군을 양성해야 한다. 해군을 만들려면 돈이 필요하다. 돈은 개국을 통해 무역으로 벌면 된다. 그러니 어서 해군을 만들자."

이 일로 사카모토 료마의 인생이 전환점을 맞는다. 료마 또한 대세를 파악하는 능력이 뛰어난 사람이었다. 대세를 확실히 이해한 료마는 가쓰에게 제자가 되고 싶다고 청해 뜻을 이루는 데 필요한 다양한 공부를 시작했다.

큰 흐름을 파악하고 난 다음에는 무엇을 어떻게 공부하면 좋을지 정해야 한다. 한 가지 뚜렷한 목표가 있으면 능력을 쉽게 집중할 수 있다. 료마는 일본 최초의 상사인 가메야마샤추와 가이엔다이를 만들어 경제와 정치 두 분야에서 활약했다.

'책상 앞에 앉아 있는 시간은 많은데도 머릿속에 들어오는 것은 없다', '일이 제대로 진척되지 않는다', '이것저것 공부해서 자격증은 여러 개 가졌는데 생활은 별로 향상되지 않는다'…, 그렇다면 당신은 어딘가 전체적인 흐름을 잘못 파악하고 있다는 것이다. 공부를 시작하기 전에 멀리 내다보고 큰 흐름의 본질을 파악하는 일이 우선이다.

2

깊이 있는 교제 능력은
배우는 데 힘이 된다

멀리 내다보는 눈과 큰 흐름을 파악하는 능력을 익히기 위해서
는 어떻게 해야 할까? 우선 자신보다 안목이 높은 사람과 대화를
나누는 것이 효과적이다.

사카모토 료마는 가쓰 가이슈의 집으로 쳐들어가 직접 담판을
지었다. 이때 두 사람은 일면식도 없던 사이였다. 료마는 아는 사이
도 아닌 가쓰 가이슈의 집에 찾아가 "당신의 행동은 적절치 못하
다"며 거침없이 상대를 비판했지만 오히려 자신이 설득당하고 말았
다. 가쓰 또한 료마의 방문을 서슴없이 받아주고 거친 언행에도 전
혀 개의치 않았다. 배우고 싶을 만큼 '깊이 있는 교제 능력'이다.

요즘은 서로 다른 입장을 가진 사람들이 속내를 터놓고 대화하
는 모습을 좀처럼 보기가 힘들다. 친구들끼리 의미 없는, 혼잣말 같

은 문자 메시지를 주고받으며 그것으로 커뮤니케이션을 대신한다. 사귐의 방식이 몹시 얄팍해져 가는 듯하다.

료마가 살던 시대에는 사람들 사이에 깊이 있는 교제가 일반적이었다. 가쓰 가이슈는 다짜고짜 쳐들어온 젊은이를 선생님이 제자를 대하듯 순순히 맞아들여 진지한 대화를 나누었다. 료마도 단순히 자신의 논리를 일방적으로 밀어붙이려 하지 않고 가쓰의 논리를 경청하고 자신의 논리와 대조해보았다. 이렇듯 폭넓은 커뮤니케이션이 가능했기에 료마가 가쓰에게 순순히 머리를 숙인 것이다. 료마는 훗날 누나 오토메에게 보낸 편지에서 "일본에서 제일가는 선생님의 제자가 되었다"라며 자랑스러워했다.

자신의 의사를 제대로 이야기하고 상대의 이야기를 제대로 들을 줄 아는 능력이야말로 '깊이 있는 교제 능력'이다. 이 능력이 있으면 누구와도 커뮤니케이션을 잘할 수 있다. 자신의 말을 잘 경청하는 사람에게는 누구나 좋은 이야기를 해주고 싶기 마련이다.

훌륭한 사람은 멀리 내다볼 줄 아는 눈을 가졌다. 깊이 있는 교제를 통해 자신도 그와 같은 거시적 안목을 키울 수 있는 것이다. 사귀는 상대는 누구라도 상관없다. 나보다 좀 더 앞선 사람이라면 자주 인사해서 안면을 익히고 좋은 이야기를 들어라. 유익한 충고나 힌트를 얻었다면 일단 믿고 당분간 실천해보라. 이것이 자신이 크게 성장하는 요령이다. '지금 뭐 해?' 같은 가볍기 짝이 없는 문자 메시지로는 깊이 있게 사귀지 못한다. 내가 먼저 자주 전화하고 만나는 것부터가 시작이다.

막부시대 말기, 사쿠마 쇼잔 밑에는 가쓰 가이슈, 사카모토 료마, 요시다 쇼인 등 서로 다른 뜻을 품은 인물들이 오월동주(서로 미워하면서도 공통의 어려움이나 이해에 대해서는 협력하는 경우) 격으로 배움을 위해 모여들었다. 하지만 그들이 그저 매일 책상을 나란히 하고 수업만 받았던 것은 아니다. 한 사람 한 사람이 쇼잔과 철저히 대화를 나누었다. 밤을 샐 때도 있었고 며칠씩 쇼잔의 집에 묵을 때도 있었다. '지금은 이러이러한 상황이다. 이러이러하니 어찌어찌 될 것이다'라는 가르침을 받았다.

서로 주장이 다른 학생들이었지만 그렇게 해서 같은 문하생이 된 것이다. 사귀는 시간의 길고 짧음은 중요하지 않다. 설령 한순간의 교제라 하더라도 서로에게 깊이 영향을 미치는 친분이 중요하다.

3

자유롭고 독립적인 인간이 되는 길, 배움

살다 보면 때때로 '이 사람을 따르고 싶다, 이 사람에게 배우고 싶다' 하는 마음이 드는 사람을 만난다. 아직 그런 순간이 없었다면 반드시 이런 경험을 하는 행운을 만나기를 바란다.

그런데 대상에게 너무 심취한 나머지 그 사람 말밖에 안 듣는다거나 그 사람 말이면 무조건 따르는 일은 경계해야 한다. 신도들을 세뇌해 여러 차례 흉악 범죄를 저지른 옴 진리교가 극단적인 예이다.

사람과 깊이 사귈 때 중요한 것은 거리감이다. 깊이 사귀되 상대로부터 배운 것을 혼자 실천해보는 자세가 필요하다. 상대를 한 걸음 떨어진 곳에서 바라보고 항상 나 자신은 자유로운 상태를 유지하는 것이 중요하다.

나 자신이 자유롭지 않다는 건 사고가 막혀 있다는 의미이다. 상대방과 거리를 두지 않으면 새로운 지식과 아이디어가 들어오고 싶어도 처음부터 차단되어버린다. 사고가 막혀 딱딱하게 굳은 머리로는 배움이 불가능한 법이다.

제자로 들어갈 만큼 열정을 가졌다는 건 좋은 일이다. 하지만 스스로 철창으로 들어가듯 머리를 속박한다면 오히려 공부에 방해가 된다. 머릿속으로만 '누구누구는 선생님이고 나는 그 제자'라고 따르고 거리를 두자. 그렇게 하면 속박을 당하지 않고도 목적을 이룰 수 있다. 사숙(직접 가르침을 받지는 않았으나 마음속으로 그 사람을 본받아서 도나 학문을 배움)이라는 말처럼 멀지도 가깝지도 않은 관계가 적당하다.

배움에 자유가 필요하다는 것은 후쿠자와 유키치(계몽사상가·교육가·저술가)도 말한 바 있다. 그가 『학문의 권장』이라는 책에서 말한 핵심은 '자유 독립의 기풍을 일본에 널리 퍼트리고 싶다'이다.

원래 메이지 시대 이전 일본인에게는 오늘날의 자유라는 개념이 없었다. 대부분은 '~하기 위해 ~한다'라고 정해져 있었으므로 자유라는 개념이 그다지 필요하지 않았다. 후쿠자와는 『학문의 권장』에서 이렇게 호소했다.

인간은 자유롭고 또한 독립적이다. 남에게 피해를 끼치지 않는 범위 내에서 자신이 하고 싶은 일을 스스로 정하고 행동할 수 있다.

그러나 이 자유 독립의 기풍이 아직 일본에는 자리 잡지 못했다. 그러니 우리는 그것을 만들어 나가야 한다.

후쿠자와 유키치가 추구한 것은 '학문을 계속함으로써 배우는 사람이 많아지는 사회, 학문을 계속함으로써 존중받는 사회'였다. 그는 이어서 '앞으로는 그런 사회가 된다. 그러한 사회를 만들어가자'고 했다. 다음과 같은 중요한 경고도 잊지 않았다.

이런 사회에서 독립적이지 못한 사람은 반드시 다른 사람에게 의지하려 든다. 남에게 의지하는 사람은 사람을 두려워한다. 사람을 두려워하는 사람은 남에게 아첨한다. 시키는 대로 하는 사람이 되고 만다.

아첨하는 사람이 되면 결코 배우지 못한다. 배움을 공부라는 좁은 범위에서 생각하지 말자. 후쿠자와 유키치는 배움을 '자유롭고 독립적인 인간이 되는 것'으로 보았다.

4

생산적인 대화가
공부할 의욕을 만든다

후쿠자와 유키치는 "사람과 폭넓게 교제하라. 그러는 편이 좋다" 고 권한다. 가령 열 명을 사귀어 한 명의 훌륭한 친구가 생겼다고 하자. 그렇다면 스무 명을 사귀어라. 또 한 명의 훌륭한 친구가 생 길지도 모른다.

인터넷이 급속도로 발달한 시대다. 인터넷은 좋은 사귐과 그렇 지 못한 사귐이 섞여 있다. 자칫 인간의 추악함과 악의가 확대되기 쉬운 공간이지만 이를 운영하는 것 역시 인간이다. 아무리 좁은 범 위라 해도 흥미가 같은 사람은 의외로 많다. 잘 찾아보면 좋은 친 구와 만날 가능성이 높다.

꼭 사람과 사귀는 일이 아니더라도 직접 얼굴을 마주하고 이야 기를 나눈다는 것은 커다란 장점이 있다. 지금껏 나는 여러 권의 책을 출간했는데, 책 속에 아주 세세하게 지론을 펼쳐 놓았다. 독자의 이해력이 상당해서인지 내가 전하고 싶었던 메시지, 즉 내 사고방식이 정확하게 전달되었다. 그렇지만 이런 저술 활동은 실제 대화와는 크게 다르다. 강연회나 수업에서 직접 마주하고 이야기해 보면 책과는 다른 교류를 할 수 있다.

직접 하는 말은 날것이다. 그 때문에 신체나 목소리 등 전체적으로 그 사람이 지닌 다양한 부분이 드러날 수밖에 없다. 나 또한 실제로 만나보면 책 속의 이미지와는 상당히 다른 인상을 주는 모양이다. 그것이 좋은 인상일 때도 있고 나쁜 인상일 때도 있을 것이다. 어느 쪽인지는 일단 제쳐두고 직접 하는 말의 힘은 아주 강력하다. '후려갈기다'라는 말을 문장으로 읽으면 아무렇지도 않지만 얼굴을 마주하고 듣게 되면 자기도 모르게 뒷걸음질 치게 된다. 직접 만나서 나누는 대화는 '육체성'을 겸비하기 때문에 중요한 것이다.

그러나 아무리 직접 하는 말의 감각이 중요하다고 해도 이미 이 세상에 없는 사람을 직접 만날 수 없다. 하지만 책 속에서라면 이를 체감할 수 있다.

괴테에 관한 책 중에서 내가 가장 좋아하는 작품은 『괴테와의 대화』이다. 괴테를 숭배해 말년의 괴테를 위해 비서로 일했던 요한 페터 에커만이라는 제자가 쓴 책이다. 훌륭한 작품들을 다 제쳐두고 『괴테와의 대화』를 최고로 꼽는 이유는 괴테가 지금 바로 앞에서 종교, 미술, 정치, 시사 등을 말하는 것처럼 생생하게 기록되었기 때문이다. 과장을 좀 보태자면 나도 그의 제자 중 한 사람으로서 이야기를 듣고 있는 듯한 기분이 든다.

현장감으로 가득 찬 책이다. 사실 인간의 가장 재미있는 부분은 이런 생생함에서 드러난다. 물론 작가가 아름답게 완성한 작품은 그 자체만으로도 예술적인 가치가 있다. 그렇지만 괴테라는 인간 전체를 통틀어 이해하거나 인간 괴테에게서 영향을 받기는 어렵다. 가공되지 않은 데에서 비로소 인간으로서의 재미와 훌륭함이 드러나는 법이다.

셰익스피어의 작품이 아무리 훌륭하다고 해도 셰익스피어라는 인간에게서 영향을 받기란 쉽지 않다. 셰익스피어에게는 에커만 같은 제자도 없었을뿐더러 그의 가공되지 않은 인간상도 전해지지 않는다. 에커만이 남긴 기록은 우리가 괴테라는 위인을 이해하는 데 매우 큰 도움을 준다. 위대한 공적을 남긴 그에게 감사해야 한다.

예수 그리스도의 경우도 마찬가지이다. 제자들이 『성경』이라는 형태로 예수의 말과 행동을 전하지 않았더라면 아무것도 남지 않았을 것이다. 공자 역시 제자들이 『논어』라는 형태로 열심히 정리했기에 그의 여러 훌륭한 말과 행동이 전해질 수 있었다. 소크라테스의 말은 제자 플라톤이 기록했다. 그가 없었더라면 소크라테스라는 인간이 얼마나 대단했는지 후대에 전해지지 않았을 것이다.

생각해보면 인류 역사상 중요하다고 손꼽히는 책들은 이렇게 생생한 모습을 전하는 것들이다. 복음서는 결코 기도서나 경전이 아니다. 복음사가(복음을 기록한 제자, 에반젤리스트라고 불린다)의 말처럼 '현장 리포트'이다. 원문은 아니지만, 예를 들면 이런 식으로 기록했다.

어느 날, 한 여인에게 사람들이 돌을 던지는 모습을 본 예수께서는 돌을 가진 사람들에게 물으셨다.

"너희는 어째서 돌을 던지느냐?"

한 무리의 사람들이 대답했다.

"이 여자는 죄를 지었습니다. 이런 여자는 돌로 쳐 죽여야 마땅합니다."

"스승님 생각은 어떠하십니까?"

예수께서 답하셨다.

"너희들 가운데 죄 없는 자만 저 여인에게 돌을 던져라."

추상적인 말도 쓸데없는 묘사도 전혀 없이 생생한 말로 기록했다. 실제적이고 구체적인 말이야말로 사람의 마음에 전달되고 깊이 파고든다. 이런 실제적인 감각이 중요하다.

앞에서 막부 시대 말기를 이야기할 때, 깊이 있는 교제의 커뮤니케이션에 대해 언급하면서 대화의 역할이 중요하다는 것을 강조했다. 훌륭한 사람과 깊이 교제할 기회를 얻게 되면 공부할 의욕이 생기고 동시에 커뮤니케이션 능력이 향상된다. 생산적인 대화를 하게 되니 당연한 일이다.

5

지적인 사람과의
교류 방법

일상 속에서 사람들이 나누는 대화는 다 같은 듯하지만 사실
은 그렇지 않다. 대화에는 두 가지 유형이 있다. 창조적인 대화와
그렇지 못한 대화이다.

그렇다고 해서 창조적이지 않은 대화가 쓸모없는 것만은 아니
다. 예컨대 가족 간의 커뮤니케이션은 별로 창조적이지 않아도 된
다. 가족끼리 창조적인 대화를 하는 장면을 한번 상상해보라. 마치
학회 토론처럼 어머니가 무엇인가에 대해 지론을 전개하고, 아버지
가 "그 점은 긍정하지만, 후반의 논리는…"라는 식의 이야기를 반복
하는 가족의 모습 말이다. 그런 집에서는 편히 쉬지 못하리라.

"그 이야기는 벌써 두 번이나 했어."

"아, 그랬나?"

배움이 습관이 될 때

"벌써 치매인거 아냐? 아하하"

별 뜻 없는 대화도 가정에서는 큰 가치가 있다. 그렇다면 창조적인 대화란 어떤 것일까?

창조란 '새로운 의미를 만들어내다'라는 뜻이다. 기획 회의를 하는 자리에서는 창조적인 대화가 필요하다. 누군가 무엇을 말하면 '그것이라면 이것이 있다', '그러면 이것도 있다' 하고 계속해서 새로운 의미를 만들어내야 한다. 이른바 상호 촉발하는 커뮤니케이션의 한 형태이다. 이것이 창조적인 대화이다.

이러한 대화는 기술을 요한다. 연습해서 기술로 익히지 않으면 잘되지 않는다. 그런데 특정 테마에 대해 잘 아는 사람들끼리 대화를 하면서도 왠지 모르게 밀접한 관련성이 없는 대화를 하는 경우가 있다. 서로 자기 이야기만 하다가 끝나버리는 상황이다. 아래와 같은 식의 대화를 나누어본 적은 없는가?

A : 새로 나온 ○○라는 게임을 샀는데 재밌더라.

B : 나는 어제 △△를 제패했어. 그런데 시간이 오래 걸리더라.

A : ○○는 해보면 알겠지만, 꽤 어려워.

B : △△는 이제 싫어졌어. 다음엔 뭘 할까?

게임 이야기를 하면서도 전혀 대화가 이루어지지 않고 있다. 두 사람 다 상대에게 질문을 하지 않기 때문이다. 질문을 해야 대화가 밀접한 관련성을 갖는다. 상대방에게 묻지 않으면 대화는 진전되지 않는다. 그 어떤 새로운 것도 만들지 못하고 끝나버린다. '창조적인 대화'에는 질문 능력이 반드시 필요하다.

또 무엇보다 상대방의 말을 이해하는 것이 전제되어야 한다. 한 마디 한 마디 상대방이 하는 말을 경청하는 것에서부터 비로소 대화가 시작된다.

다음은 대화 상대에게 의견을 말할 때 중요한 요령이다. 반드시 기억해두기를 바란다.

상대가 사용한 단어를 사용할 것

하고자 하는 말을 평소 자신이 쓰던 단어가 아닌 상대가 사용한 단어로 표현해야 한다. 예컨대 내가 '의욕'에 대해 말할 때 상대가 '모티베이션'이라고 말했다면 나도 모티베이션이라고 바꿔 말하는 것이다. '동기부여'라고 말하면 따라서 동기부여라는 단어를 쓴다.

이처럼 같은 어휘를 쓴다는 것은 상대의 이야기를 확실하게 듣고 이해하고 있다는 의미와 같다. 상대방이 쓰는 어휘를 사용하면 두 사람의 사고가 같은 레일 위에 놓이게 된다. 서로 다른 기차(사고)가 합류하는 개념이다.

레일이 다르면 자신의 기차는 상대와 교류하기 어렵다. 같은 레일이라면 서로의 기차를 하나의 선로에 올리는 것이 가능해진다.

같은 레일에 올림으로써 쉽게 이해하게 된다. 이해가 바탕이 되면
비로소 창조적인 대화가 시작된다.

한 차원 높은
답을 구하라

변증법적인 대화는 서로를 조율하는 과정 중에 가능해진다. 변증법이란 문답에 의해 진리에 도달하는 방법을 말하는데, 이를 통해 창조적인 대화를 하고 더 높은 수준의 결론을 도출해낼 수 있다.

어떤 주제에 대한 자기 생각을 누군가가 부정했다고 하자. 거기에는 자신의 생각과 그것을 부정한 상대방의 사고방식이 존재할 것이다. 이때 수준 낮은 논의를 하는 사람들은 "역시 내가 옳다", "아니, 내가 옳다"라며 서로만의 논리에서 벗어나지 못한다. 새로운 전개가 없으므로 단순히 힘으로 좌우되는 줄다리기 승부나 다람쥐 쳇바퀴 도는 상황에 빠지고 만다.

이와는 달리 서로 다른 두 생각을 종합해 더욱 높은 차원으로 이끌어냄으로써 어느 쪽의 논리와도 모순되지 않는, 즉 서로 납득하는 답을 유출하는 것이 변증법이다.

간단히 말해서 과자 하나를 놓고 다투는 아이들에게 과자를 반으로 쪼개 나눠주는 것과 같다. 자기만 갖겠다는 '낮은 차원'에 사로잡혔던 아이들도 절반씩 나누는 공정한 원리에는 납득한다. 자기 주장과 힘이 충돌하는 차원에 머무는 것이 아니라 규칙이라는 더 높은 차원으로 들어가는 것이다.

다른 예를 들어보자. 학생이 시험공부도 하고 싶지만, 특별활동인 운동도 열심히 하고 싶을 때, 부모들은 "운동 같은 건 뒤로 미뤄"라고 할지도 모른다. 이런 경우 양자택일이라는 차원으로는 문제가 해결되지 않는다. 일거양득이라는 새로운 차원을 생각해내야한다. 가령 등하교길 전철에서 하던 게임을 멈추고 영어 단어를 외우는 것이다. 또 밤늦게 자지 말고 조금 일찍 일어나 문제집을 푼다. 이렇게 시간을 잘 조절하면 운동과 공부의 병행이 가능해진다. 효율적인 공부가 몸에 배어서 성적 향상도 기대할 수 있다. '이것 아니면 저것'이 아니라 '이것과 저것 둘 다'를 목표로 아이디어를 내면 보다 응용력 높은 사고방식에 도달한다.

대략적인 변증법을 정리하면 아래와 같다.

1. 테제(명제)가 있다.
2. 안티테제(반명제)가 제시된다.
3. 아우프헤벤(부정하다 또는 보존하다)으로 통일한다.

하지만 혼자서 변증법을 실행하려면 굉장히 피곤하다. 자신을 부정해야 하기 때문이다. 옳다고 믿는 일을 스스로 틀렸다고 부정해야 한다. 틀렸다면 어디가 어떻게 틀렸는지 지적해야 하는데, 그러기 위해서는 떼쓰는 아기와 그 아기를 달래는 부모 역할을 동시에 해야 한다. 실행이 쉽지 않다.

이런 관점에서 본다면 대화에는 상대와의 의견 차이나 어긋남이 필연적으로 요구된다. 이러한 차이와 어긋남은 결과적으로 오히려 일을 쉽게 만든다. 나는 이것을 '간단 변증법'이라 부른다. 간단 변증법을 기획 회의에 적용하면 알맞다. 앞에서도 말했듯 혼자서 변증법적으로 아이디어를 내기는 어렵다. A라는 아이디어를 내고 이와는 대립하는 B라는 아이디어를 내서 A를 부정해야만 한다. 게다가 한 단계 뛰어넘어 A와 B가 모순 없이 통합되는 C라는 개념을 창출해야 한다. 혼자서는 어렵지만 둘이라면 A와 B를 내는 것은 물론이고 창조적인 통합안 C로 비교적 쉽게 도달해서 사고의 피곤이 덜하다.

일상에서 대화 사고법을 익히면 다람쥐 쳇바퀴 돌 듯 쓸데없는 사고에 빠지지 않고 언제나 창조적인 해결책을 얻을 수 있다. 대화 사고법을 익히는 데 배움의 의의가 있다.

7

참견하면서 읽는
3색 볼펜 독서법

'대화 사고법'은 혼자서 단련할 수 있는 두뇌 훈련법이다. 대화하면서 책을 읽는 것이 그 방법이다. 앞서 소개한 책『괴테와의 대화』는 대화 형식으로 기록돼 있다. 이런 책을 읽다 보면 실제로 저자와 어느 장소에서 대화를 나눈다는 느낌을 맛볼 수 있다. 좀처럼 타인을 칭찬하지 않는 프리드리히 니체Friedrich Wilhelm Nietzsche도 이 책을 "독일어로 쓴 가장 훌륭한 책"이라며 감탄했다.

니체 역시 나중에『차라투스트라는 이렇게 말했다』에서 차라투스트라와 대화하는 형식을 취한 바 있다. 아무래도 독자 입장에서는 다른 형식보다 몰입하기가 쉽다.

그러나 이런 책들처럼 굳이 대화 형식을 취한 책이 아니더라도 대화는 가능하다. 어떤 책이든 괜찮다. 읽으면서 책에 질문을 던지는 것이다. 이때 필요한 것이 3색 볼펜이다.

나는 책을 읽을 때 3색 볼펜을 사용한다. 빨간색, 파란색, 녹색의 세 가지 색이 하나의 펜에 든 볼펜이다. 색깔별로 한 자루씩이어도 괜찮지만 바꿔 쥐어야 하는 번거로움이 싫어서 세 가지 색이 하나로 모인 3색 볼펜을 애용한다. 검은색이 들어간 4색 볼펜이 더 일반적이므로 그것도 괜찮겠다. 다만 나는 검은색은 거의 쓰지 않는다.

아무튼 나는 3색 볼펜으로 책에 선을 긋기도 하고 글에 동그라미를 치며 읽는다. 이렇게 하면 저자와 대화를 나누는 듯한 느낌이 든다. 색깔은 다음과 같이 구분해서 사용한다.

빨간색 : 객관적으로 가장 중요한 부분

파란색 : 객관적으로 중요하지만, 빨간색보다 덜 중요한 부분

녹색 : 주관적으로 재미있고 흥미로운 부분

나는 재미있는 부분을 중점적으로 체크하기 때문에 녹색을 사용하는 빈도가 높은 편이다. 그렇다고 깊이 고민하는 것은 아니다. 읽어 나가면서 그때그때 주목하는 부분을 하나씩 체크한다. "어, 그래?", "이건 왜 그런 거야?", "그럴 경우도 있나?", "여기는 좀 이상한데?" 하고 질문하면서 내용이 무엇이든 감상이 떠오르는 부분에 따옴표를 달든 선을 긋든 동그라미를 치든 표시를 한다. 떠오르는

생각을 일일이 적기가 귀찮을 때는 녹색으로 동그라미를 치고 별도의 표시를 해둔다.

예전에 나는 '책이란 저자가 쓰는 것이고 독자는 애초부터 책 바깥에 있다'고 생각하며 책을 읽었다. 그런데 이렇듯 3색 표시를 하며 읽다 보면 나도 책 속으로 들어가게 된다. 책을 쓰는 데 나도 한몫 거드는 듯한 기분이 든다. 책에 하는 표시는 저자에게 질문하거나 의견을 말하는 것과 같다.

"그래, 그래", "그 점을 듣고 싶었어" 하고 추임새를 넣는 독서법을 나는 '참견 독서'라고 부른다. 저자를 만담에 등장하는 우스꽝스러운 캐릭터라고 상상하고 "허, 정말이야?", "어떻게 그럴 수가 있지?", "그건 그래", "그런 게 아니야" 같은 추임새를 넣어가며 읽는 것이다.

물론 시시콜콜 말을 붙인들 책이 대답할 리는 없다. 하지만 이 방법을 사용하면 틀림없이 수동적인 독서에서 적극적인 독서로 변한다. 멍하게 내용을 읽고 잊어버리는 것이 아니라 하나하나 머리에 새기게 된다.

8

의심 없이 받아들이는
적극적인 학습 방법

3색 볼펜으로 표시하며 읽기는 저자와 대화하며 읽는 방법이다. 주로 저자에게 질문하고 책에서 답을 찾는 형식이다 보니 '의문'에서 출발할 수밖에 없다. 그렇다고 무조건 의심하면서 읽으라는 뜻은 아니다.

사람은 기본적으로 자신 이외의 것을 대할 때는 순수한 마음을 가져야 한다. 적어도 책을 읽는 동안에는 저자에게 고분고분한 것이 좋다. 처음부터 의심하게 되면 이야기를 듣거나 책을 읽어도 얻는 게 전혀 없다. 그저 시간 낭비가 될 뿐이다.

기본적으로 의심 없이 순순히 받아들여서 읽자. 그렇게 제대로 받아들임으로써 두뇌에 영양을 공급하자. 이렇게 마음을 열면 한 사람만 맹신할 위험이 없어진다. 그러니 마음을 열 상대를 다양하게 찾기를 바란다.

일반적으로 고분고분하다고 하면 '상대방이 하는 말을 그대로 받아들이는 자세'로 여기기 쉬운데 그렇지 않다. 오히려 고분고분한 것이 곧 적극적인 자세이다. 마음속에 거리낌이 없기에 도리어 순조롭게 받아들인다. 즉, 어떤 책이라도 편식하지 않고 읽으며 그 내용이 물 흐르듯 자연스레 머리에 들어온다.

3색 볼펜으로 표시하면서 저자와 대화하는 적극성은 한 행도 빠짐없이 읽고 내용을 이해해 확실히 머리에 새기기 위한 방법이므로 그야말로 마음을 활짝 열어둔 상태가 되도록 만들어준다.

아무런 대화 없이 묵묵히 듣거나 읽는 소극적인 온순함은 도움이 되지 않는다. 때에 따라서는 가만히 듣고 있는 듯 보여도 사실 아무것도 듣지 않을 때가 있다. 고분고분해지기 위해서는 적극성이 필요하다. 3색 볼펜으로 표시를 하면 적극성이 높아진다.

9

대화하듯이
사고하는 능력

표시하고 끼어들기는 독서뿐 아니라 다른 곳에서도 필요하다.
시민이 판결에 참여하는 배심원 재판을 떠올려보자. 그곳에서도 질
문력은 매우 중요한 역할을 한다. 일본 제1회 배심원 재판에서 있
었던 일이다. 어느 배심원이 경찰이 만든 조서와 증언이 일치하지
않는다며 증인에게 조서를 어떻게 확인했는지 물었다. 재판에서
'조서의 내용이 옳은가 그른가'는 종종 문제가 되는 부분이다. 그런
데 '어떻게'라는 방법과 과정은 그동안 이슈가 된 적이 없었다.

하지만 그 배심원에게는 이 부분이 빨간색으로 표시한 중요 포
인트였던 것이다. 증인은 "솔직히 기억이 나지 않습니다"라고 대답
했다. 조서 내용을 확인한 사실이 기억나지 않는다면 조서가 옳은
것인지 의문이 생길 만하다. 결국 질문력을 갖춘 배심원의 질문으

로 심리(법원이 증거나 방법 등을 심사하는 것)는 한층 신중해졌다.

질문을 통해 자기 안에 있던 다양한 정보가 직소 퍼즐처럼 제자리를 찾는다. 직소 퍼즐은 모든 조각이 제각각 어지럽게 흩어져 있어서 시작 시점에서는 어떤 조각부터 찾아야 할지 모른다. 어디서부터 어떻게 맞춰 나가야 할지 예측하지 못하는 상태이다. 그럴 때 질문이 실마리를 제공한다. 질문을 떠올리는 것은 상대를 이해하는 가장 가까운 길이다. 질문을 하려면 내용을 잘 이해해야 한다. 질문하는 일은 바로 진정한 이해로 직결된다.

비즈니스 미팅이나 회의에서도 질문을 하는 게 좋다. 그런 장소에서는 대부분 몇 장의 자료를 배포한다. 제대로 정리돼 있다면 다행이지만 장황하고 정리가 안 된 문서라면 머리에 잘 들어오지 않는다. 읽기조차 귀찮아진다. 이럴 때는 시작하기에 앞서 이런 질문을 해보자.

"오늘 회의의 요점은 무엇입니까?"

"결정해야 할 사항의 우선순위는 어떻게 됩니까?"

"이 자료에서 특히 중요한 곳은 어디입니까?"

사실 질문을 받기 전에 진행자가 미리 이 같은 자료를 준비해두면 좋다. 요점을 알면 효율이 높아진다. 참가한 모든 사람의 의식도 그곳에 집중된다. 회의는 순조롭게 진행되고 자신의 의사도 반영할 수 있으니 일거양득이다.

반대로 정리되지 않은 채 회의가 시작되면 회의에 참여한 사람

모두가 논점을 정하지 못한다. 이 같은 상황에서는 "의견 있으십니까?", "질문 있으십니까?"라고 물어도 대답하는 사람이 없다. 회의가 지루하고 수동적인 태도로 끝나버리고 시간도 낭비된다.

당연한 이야기이지만 대화적 사고는 책보다 직접 사람을 상대로 하는 편이 쉽다. 사람이 자기 앞에 있는 경우라면 계속해서 체크하고 끼어들고 질문을 던지자. 이렇게 하면 자신의 수준 향상에 큰 도움이 된다.

- 책에는 3색 볼펜으로 표시하기
- 사람을 대할 때는 존경하는 마음으로 의심 없이 받아들이기
- 대화에 끼어들어 질문하기

이것이 대화적 사고의 핵심이다.

4 장

고민하면
답은 반드시 나온다

1

공부하는 얼굴은
언제나 청춘이다

『올빼미의 성』, 『료마는 간다』 등을 쓴 소설가 시바 료타로는 "나는 평생 서생이고 싶다"라고 하며 다음의 글을 남겼다.

이 이야기를 가르치는 학생들에게 해주면 서생이라는 말의 의미를 잘 모르는 이들에게서 가끔 "서생이란 하숙생을 말하는 것입니까?"라는 질문을 받는다. 물론 조금 다르다. 서생이란 학자나 교사, 독지가 밑에서 거주하며 가사나 일을 돕는 한편 면학에 힘쓰는 젊은이를 말한다. 그러나 하숙생이란 단순히 방세와 식비를 내고 남의 집에서 숙식하는 사람이다.

메이지 시대와 다이쇼 시대(1912~1926)를 배경으로 한 영화와 드라마에서는 일본의 전통 복장인 기모노에 하카마(기모노 위에 입는 남자 옷)를 걸치고, 높은 굽의 게다를 신은 서생들이 종종 등장한다. 생활 전부를 남에게 신세지는 만큼 그들은 오로지 면학에만 진지하게 몰두했다. 이처럼 서생이라고 하면 일반적으로 성실하고 인내심 있는 사람이라는 이미지가 강하다.

한 사람의 서생이 되고 싶다는 말은 시바 료타로가 작가로서 사람들에게 인정받은 후에 한 말이다. 그는 공을 세우고 이름을 떨친 후에도 한결같이 학생으로 남아 있고자 했다. 이를 두고 나는 '그렇기에 그가 그리도 좋은 작품을 계속 써냈구나'라고 이해했다. 시바 료타로가 말한 서생이란 자신의 미숙함을 알고 사치하지 않으며 오로지 공부하는 마음을 간직한 사람을 이르는 것이리라.

일반적으로 서생 신분으로 보내게 되는 10대, 20대는 젊은 에너지를 학습 에너지로 바꿔 자신을 단련해 나가는 때이다. 이 시기에 사람은 가장 많이 성장하며 스스로 학문에 흥미를 느낀다. 사람은 서른, 마흔…, 나이가 들어가면 '미숙하니 단련해야 한다'는 마음가짐을 잃기 십상이다. 자연히 느슨해져버린다. 그렇기에 시바 료타로는 일개 서생으로 살고 싶다고 염원한 것 같다.

현재 서생이라는 단어는 거의 사어가 되었다. 하지만 만일 예전의 그 외골수적인 서생처럼 계속 배워 60대, 70대가 되어서도 "나는 아직 서생이다"라고 말하는 사람이 있다면 그는 쉽게 늙지 않는 사람, 정신적인 젊음을 유지한 사람일 것이다.

그런 사람은 매력적이다. 틀림없이 누구나 호감을 느낀다. 왜냐하면 진짜 공부를 하는 사람은 남에게 폐를 끼치지 않기 때문이다. 할 일이 없는 사람들이 남을 괴롭히거나 나쁜 짓을 하는 것이다. 바쁜 사람들은 그런 쓸데없는 일을 할 여유가 없다. 인간으로서 수준이 높아질수록 점점 더 시시한 일은 하지 않고, 점점 더 매력이 상승한다. 이것이 평생 공부를 계속하는 까닭이다.

이미 가지고 있는 지식이나 지혜는 몇 번이고 계속 사용해버리면 그 의미가 퇴색되거나 가치가 하락하기도 한다. 그 때문에 세상에 쌓여가는 '공부할 것들'을 부지런히 자신에게 입력하는 사람만이 비로소 새롭고 신선해진다. 아무리 나이가 들었어도 공부하고 있는 주제에 대해 말을 붙이면 눈빛이 살아나고 얼굴이 환해지며 젊은이 못지않은 활기로 대화를 이어나간다. 그런 얼굴을 갖고 싶지 않은가?

요약된 줄거리는
위험한 지름길이다

서생의 한결같음과 반대되는 의미를 가진 단어가 바로 '지름길'이다. 앞으로 정보화는 계속 진행되고 분명 더 편리한 세상이 될 것이다. 편리함을 만들어내는 것 중 으뜸은 지름길이다.

최근 몇 년간만 보더라도 모든 부분에서 지름길이 생겨났다. '세계 명작을 줄거리로 읽는 책'이 그 전형적인 예이다. 누군가는 책의 줄거리를 알면 그것만으로도 읽었다는 기분이 들지도 모르겠다. 하지만 줄거리를 읽었다고 해도 결코 작품을 다 알 수는 없다. 줄거리라는 정보는 얻을지 몰라도 하나하나의 단어가 가지는 의미와 글 자체에 대한 개성을 모르기 때문이다.

'주인공이 이러해서 이렇게 되었습니다'라는 요약은 생선으로 말하자면 뼈이다. 그것만으로는 생선을 파악할 수 없다. 요약에는 원래의 실체가 없기 때문이다. 만화를 줄거리로 읽고 싶어 하는 사람은 없을 것이다.

원문은 독자의 어떠한 탐구에도 호응해준다. 요약본보다야 읽는 데 시간이 걸리겠지만 거기에서 다양한 가치를 얼마든지 끄집어낼 수 있다. 단어나 표현법을 기억하는 것만으로도 의의가 있다. 문학은 고전부터 현대까지 어려운 것을 포함해 다채로운 어휘와 한자가 구사돼 있다. 즐기면서 단어를 폭넓게 체득한다. 이른바 커뮤니케이션 능력이 생기는 것이다.

줄거리를 읽고 모르면서 아는 척할 게 아니라 작품을 읽고 참된 지식을 얻는 것이 바람직하다. 『섣달그믐날』을 쓴 일본 근대소설의 개척자이자 여류 소설가인 히구치 이치요의 문장은 참으로 유려하다', '장편소설『금각사』등을 쓴 미시마 유키오의 책은 어려우리라 생각했는데 의외로 폭소가 터지는 부분도 있다' 등의 감상은 작품을 읽지 않고는 나올 수 없다.

무엇보다 작품은 재미있다. 재미있으면 배움에 대한 의욕도 자극을 받는다. 작품을 접해 얻는 장점은 이 밖에도 무궁무진하다. 단 한 페이지라도 좋다. 작품을 읽으면 그만큼 얻는 것이 많다. 그 모든 것은 그림자 같은 요약본이 아니라 실체를 접했기에 알게 된 것들이다.

지름길의 위험은 문학에만 국한된 것이 아니다. 모든 영역의 지적 단련에는 지름길이 존재한다. 효율적인 공부는 즉각적인 결과를 구하는 것과 다르다. 가치가 있다면 아무리 시간이 걸린다 해도 아까워하지 말아야 한다.

까워하지 말아야 한다.

3

멀리 돌아가는 길이
중요한 재산이 된다

문학을 연구한 책은 무수히 많고 지금도 생산되고 있다. 문학, 철학, 종교의 명저는 그 자체만으로 가치가 높기에 아무리 연구해도, 누가 연구를 해도, 항상 다양한 방면에서 새로운 시각의 결과가 도출된다. 특히 성서를 연구한 책은 수도 없이 많다.

진정한 텍스트를 직접 마주하고 다소 힘이 들더라도 시간을 들여 몰두해 확실한 자신의 것으로 만들어보라. 이것은 일찍이 유럽에서 채택한 연구 방법이었다. 동양에서도 이와 비슷하게 텍스트와 씨름하는 전통이 있었으나 근대 일본에서는 유럽식 연구 방식을 지향했다.

굳이 유럽식이라고 단정한 이유는 미국의 연구 방식과 상당히 다르기 때문이다. 단도직입적으로 말하면 미국 문화에서는 모든 것을 띄엄띄엄 대략적으로 파악한다. 아무리 복잡한 것도 놀라우리만큼 단순화한다. 예를 들어 유럽의 철학서를 미국인이 번역하면 너무 쉬워서 불안할 정도이다. 프랑스와 독일의 철학서를 읽을 때 독일어를 일본어로 옮긴 번역서를 읽는 것보다 독일어를 영문으로 옮긴 번역서를 영어 그대로 읽는 편이 더 이해하기 쉽다.

대표적인 용어가 '현존재'이다. 독일의 철학자 마르틴 하이데거가 쓴 『존재와 시간』을 일본어로 읽으면 우선 '현존재'라는 단어에 부딪힌다. "현존재란 자기를 현재 거기에 있는 것으로 자각하는 존재, 즉 인간적 실존을 말한다. 현존재가…"라는 문장부터 이해하기 어렵다.

현존재란 원래의 독일어로는 다자인^{Dasein}이다. 번역하면 '자기의식을 가진 인간'을 뜻한다. 그러나 원어의 뉘앙스를 좀 더 정확하고 세심하게 살리고자 애쓴다면 위와 같이 어려운 번역이 된다. 그런데 미국식으로 번역하면 너무 노골적이라 할 만큼 간단하게도 '있다'라는 뜻을 가진 '빙^{being}'이 된다. 정말 심플하고 직선적이다. 거치적거리는 것이 없다. 그렇다고 미국식이 무조건 나쁘다는 뜻은 결코 아니다. 하지만 이렇게 이해하기 쉬운 단어에는 커다란 함정이 숨어 있다.

첫째, 번역이란 옮긴이의 지적 수준에 따라 모든 것이 결정된다는 점이다. 둘째, 어느 나라 언어로 번역하는가에 따라 때로는 적절한 대응이 힘든 단어도 있다. 그런 연유로 너무 쉽게 번역돼 있다

　　　　　　　　　　　　　　　　　　배움이 습관이 될 때

면 뭔가 본질적인 것이 희생되거나 상실되었을 우려가 있다. 결국 번역이라는 지름길을 통해 내용을 쉽게 이해하려고 해서는 안 된다. 자칫 잘못하면 중요한 부분을 지나쳐버릴 위험이 있다.

책에서 "아침에 신선한 과일을 먹으면 몸에 좋다"라는 글을 읽은 적이 있다. 실제로 건강을 의식해 과일을 먹는 사람이 많다. 그런데 비타민C는 다 똑같다고 여기고 보조제만 먹는다면 어떻게 될까? 상당 부분 본질이 누락될 것이다. 과일은 단순한 비타민C가 아니다. 맛있는 과육과 과즙, 향, 생과일에만 들어 있는 영양소와 효소, 다양한 것들이 복잡하게 서로 얽힌 결과로서 하나의 생명체를 이루고 있다. 그러므로 '과일은 곧 비타민C'라는 쉬운 번역을 하면 당연히 이상해진다.

분명 알약은 편리하다. 하지만 알약에는 생과일에만 포함된 여러 가지가 누락돼 있으며, 오히려 그 부분이 사실은 더 중요한 경우도 있다. 소재 자체에서만 얻는 것들이 있는 법이니 말이다. 요즘 같은 시대에는 이처럼 마음만 먹으면 얼마든지 지름길로 갈 수 있다. 그런 탓에 소재 자체와 마주하는 것이 오히려 먼 길을 돌아가는 듯한 느낌마저 든다. 맛있는 부분만 취하는 것이 현명한 방법이라는 속삭임이 귓가에 들리는 듯하다.

하지만 멀리 돌아가는 듯 보이는 길이야말로 때로는 자신에게 가장 중요한 자산이 된다. 오히려 쓸모없어 보이는 것 속에 다른 곳에서는 얻지 못하는 풍요로운 지知가 들어 있는 경우가 많다. 지름길이라는 쉬운 길을 피하고 정도를 걷는 것이 결국에는 현명한 방법이다.

4

한번 포기한 부분을
다시 파고드는 힘

나는 인터넷 검색을 거의 하지 않는다. 손쉽게 얻은 지식을 믿지 않는 탓도 있지만, 인터넷상에 있는 정보는 대개 요약판이기 때문이다. 원본의 일부를 발췌한 요약본은 읽지 않는 것이 나의 원칙이다. 일부 발췌했다고는 해도 원본과 다르기 때문이다. 줄거리처럼 요약된 정보는 알기 쉽다는 명목 아래 쏟아져 나오는 그저 '넘치는 정보'일 뿐이다.

내 흥미는 '두뇌와 지력을 어디까지 단련하는가?'에 있다. 아무리 요약, 줄거리, 지름길로 속도를 내봐도 두뇌는 절대로 단련되지 않는다. 시간이 걸리더라도 일부만이라도 좋으니 진정한 것에 꼼꼼히 몰두해야 공부가 된다.

도저히 감당하기 어려운 대상일지라도 우선은 물고 늘어져보는 데 의의를 둔다. 복권에 당첨되고 싶다면 복권부터 사라는 말이 있다. 무슨 일이든 시도해봐야 뭐라도 생긴다. 도토리를 깨물어보고 딱딱하다고 실감만 했다 해도 참된 배움이다.

그렇다면 이쯤에서 본질을 실감하기 위한 대상으로, 예컨대 칼 마르크스^{Karl Heinrich Marx}의 『자본론』을 읽어보는 건 어떨까? 이 책은 난해하기 짝이 없다. 너무 치밀한 문장이라서 도중에 읽기를 포기하고 싶어질 정도이다. 무엇을 말하는지 도저히 이해하기 어려울지도 모른다. '이게 대체 무슨 소리야?' 하고 머리를 쥐어뜯는 광경이 눈앞에 선하다. 그럴 때에는 여기저기 책장을 넘기며 띄엄띄엄 읽어도 좋다. 우선은 모르는 것을 만난다는 데 의미가 있다. 무거운 아령을 들어 올려야 근육이 단련되듯 난해함에 맞서야 두뇌가 단련된다.

한 번밖에 들어 올리지 못했던 아령도 단련을 통해 두 번을 들어 올릴 수 있다. 『자본론』도 일주일이고 한 달이고 열중하다 보면 조금씩 읽기 쉬워진다. 1년을 읽는다면 크게 달라질 것이다. 3년 정도 지나 다시 읽어본다면 스스로 놀랄 만큼 이해할 수 있을지도 모른다. 초등학교 저학년 때는 매우 난해했던 글이 고학년이 되자 어려움 없이 읽히던 경험이 있지 않은가? 어려운 일도 단련하면 할 수 있게 된다. 물고 늘어져라.

5

쓰면서 하는 공부의
놀라운 효과

무지無知 상태에서 해답을 찾는 귀중한 경험을 단절시키는 장벽이 지금의 인터넷이다. 모르는 것이 있을 때 인터넷 검색으로 손쉽게 '답 같은 것'을 얻을 수 있다. 관련 키워드를 검색 사이트에 입력하고 엔터키를 누르면 이런저런 정보가 우르르 쏟아져 나온다. 이런 정보들이 쏟아지는 데에는 불과 몇 초밖에 걸리지 않아서 당연히 순식간에 궁금증을 해결할 수 있다고 생각한다. 궁금증이 금방 해결되지 않으면 괜히 안절부절못한다.

모르는 것과 맞닥뜨린 후 불쾌감을 느낄 때까지의 시간이 굉장히 짧다. 이런 추세는 더 가속화된다. '의문 → 간단 검색→ 이해→ 궁금증 해결'이라는 편리함을 역행하기란 좀처럼 쉽지 않다.

하지만 공부하는 즐거움은 사실 무지를 간직하는 데 있다. 클

릭 한 번으로 금세 얻어지는 요약 정보만 접하고 공부를 다 했다고 생각한다면 진정한 즐거움은 맛보지 못한 것이다. 학자들은 모르는 것을 알아가는 데에서 오는 재미와 가치를 알기에 5년이든 10년이든 공부한다. 그들의 무지는 이른바 '가치 있는 무지'이다. 알게 되면 커다란 기쁨이 기다리고 있으므로 해결하려는 노력이 의미 있음을 안다. 무지를 불쾌해하지 않고 '내 능력이 부족하니까' 하고 겸허하게 받아들인다.

반면 앞뒤가 맞지 않는 서툰 설명으로 인한 무지도 있다. 내용도 별로 없으면서 어려운 단어와 거드름 피우는 표현만 늘어놓아 이해하기 어렵게 만드는 경우이다. 이는 '가치 없는 무지'이다. 이런 무지는 이해하려는 노력조차 아깝다. 잘 확인해서 즉각 에너지를 다른 쪽으로 돌리는 것이 좋다.

사람은 '가치 있는 무지'에 대해서 얼마든지 열심히 노력한다. 어떤 과제를 항상 머릿속에 품고 있으면 그와 관련된 지가 쌓인다. 그것이 아이디어를 낳는 힘이 된다. 지를 쌓기 위해서는 한 가지 일을 계속 생각해야 한다. 예를 들어 '두 시간 동안 줄곧 한 가지 일만 생각할 수 있는가?'라는 기준으로도 그것이 가능한 사람과 불가능한 사람으로 확연히 구분된다. 그 일에 흥미가 있고 없음의 문제가 아니다. 한 가지 생각에 오랜 시간 몰입하는 기술을 익혔는지 아닌지의 문제이다.

몰입 기술을 단련하기 위한 첫 번째 단계가 바로 공부이다. 일반적으로 공부를 하지 않으면 오랜 시간 동안 계속 한 가지를 생각하는 것이 어려워진다. 생각은 하지만 같은 생각만 다람쥐 쳇바퀴 돌 듯 반복하고 있다면 계속해서 생각한다고 말할 수 없다. 좋은 생각도 떠오르지 않는데 생각만 오래 하는 것은 시간 낭비이다.

생각을 발전시켜 나가기 위해서는 생각하면서 종이에 무언가를 써보는 게 좋다. '그런 것일까? 이런 것일까?' 하고 물어보며 떠오르는 생각을 적거나 혹은 그림으로 그려본다. 그렇게 적음으로써 자신이 생각하는 과정을 눈으로 보면 일목요연하게 정리가 된다. 생각에 질서가 생기고 생각 낭비가 없어진다. 봉지에 들어 있는 것을 그저 손으로만 만지기보다 눈으로 보고 찾으면 금방 찾게 되는 것과 같다. 이것이 생각하는 기술이다.

종이에 적으면서 생각하는 습관을 지닌 사람이 두 시간 동안 머리를 짜낸다면 수준 높은 사고가 가능하다. 나아가 두 시간이 아니라 2주간 계속한다면 어떻게 될까? 도달하리라고 예상하지 못한 곳까지 다가간다. 머릿속에서 백번 생각해봐야 의미가 없다. 어디까지나 끈질기고 집요하게 생각해서 구체적인 생각을 종이에 정리하고 발전시키는 사람, 그런 사람이 우수한 사람이 된다.

문제는 언제나
힌트를 동반한다

보통 사람은 생각해야 할 일이 많으면 마음이 무거워진다. 하지만 우수한 사람이나 잘난 사람은 문제를 많이 안고 있어도 스트레스를 받지 않는다. 문제가 많을수록 문제 해결을 위한 힌트도 늘어나기 때문에 오히려 새로운 문제가 생기는 걸 반긴다. 우수한 사람은 새로운 문제를 해결하기 위해 기존의 문제 해결법을 적용할 줄 안다.

해결해야 할 문제를 5개 가진 사람과 50개 가진 사람 중에서 문제를 더 잘 해결하는 사람은 당연히 50개를 가진 사람이다. 이것은 저것의 힌트가 되고 그것은 이것의 참고가 되는 식으로 정보는 해결에 도움을 준다. 문제를 5개 가진 사람보다 50개 가진 사람에게 정보가 더 많다. 문제가 적으면 갖고 있는 힌트끼리 상호 연관

될 가능성이 적다. 반대로 문제가 많을수록 많은 힌트를 찾게 된다. 그러니 스트레스로 괴로워할 것도 없다.

지식과 기억력은 스스로 단련되는 것이 아니다. 그래서 나는 흔히 유행하는 두뇌 트레이닝에 효과적이라고 광고하는 게임이나 책을 믿지 않는다. 두뇌 단련에 더 효과적인 방법은 따로 있다. 바로 '내가 품고 있는 문제'를 이용하는 것이다. 문제를 점점 더 많이 끌어안다 보면 다양한 정보가 얽히게 된다. 이런저런 정보가 얽히고 설켜서 자연스럽게 머리 안에 쌓인다. 말하자면 지식이 축적되기 쉬운 상태가 되는 것이다.

예를 들어 세금에 대해 문외한인 내가 상속세로 고민하고 있다고 하자. 적정한 납세를 위해서 해설서를 읽거나 전문가에게 물어볼 것이다. 그러다 보면 세무에 밝아지게 된다. 이렇게 얻은 지식은 자연스럽게 머리에 들어간다.

기억력이 좋든 나쁘든 관계없다. 평소 그냥 스쳐 지나가던 정보일지라도 필요해지고 관심도가 높아지면 지식이 되어 머리 안에 차곡차곡 쌓인다. 자신이 진정으로 원하는 정보라면 지식으로 정착된다.

나는 기억력이 썩 나쁜 편은 아닌데 유독 길은 잘 못 외운다. 사람들 손에 이끌려 여러 식당을 다녔는데, 이후에 혼자 찾아가보려고 하면 못 찾겠다. "사이토 씨는 이런저런 가게를 많이 알고 계시죠?"라는 질문을 종종 받는데, 사실 나는 어디에 어떤 가게가 있는지 까맣게 잊은 지 오래이다. 무엇을 먹었는지도 거의 기억하지 못한다. 맛있는 음식에 별로 흥미가 없기 때문이다. 어느 음식체인 점 메뉴가 어떻다고 누가 말해줘도 아무런 소용이 없다. 관심이 없어서 머릿속에 쌓아두지 않으니 말이다.

반대로 세상에는 한 번만 가보면 시간이 얼마나 흘렀든 헤매지 않고 찾아가는 사람도 있다. 도쿄 시내 맛집을 찾아다니느라 머릿속에 맛집 지도를 줄줄 꿰고 다니는 사람도 있다. 지하철 노선도를 통째로 외우는 사람도 있다. 단순히 기억력이 좋거나 머리가 좋다고 해서 될 일은 아니다.

뿌리줄기로 흡수하고
뻗어 나가는 공부법

철학의 세계에는 '리좀^{rhizome}(뿌리줄기)'이라는 용어가 있다. 공부에 리좀을 대입해보자면 '관심 네트워크'라고 표현할 수 있겠다. 관심 네트워크가 어느 방면으로 얼마만큼 줄줄이 발달해 있는지에 따라 쉽게 흡수하는 지식의 영역이 바뀐다. 이 말을 뒤집어보면, 지금까지는 흥미가 없던 분야라도 자신의 관심 네트워크와의 접점을 찾게 되면 적극적으로 지식을 흡수한다는 뜻이다.

이는 앞에서 말했던 '무엇을 위해 공부하는가? 공부해서 무엇을 하고 싶은가?'라는 근본적인 동기와도 관계있다. 정체성을 조금만 달리해도 다양한 분야로 관심 네트워크가 뻗어나간다. 그렇게 해서 그동안 기억하지 못한 일들을 조금씩 기억하게 된다.

상상력을 펼침으로써 정체성의 영역은 확장된다. 최근 들어 전국시대와 에도시대에 관심을 갖는 사람이 늘고 있는데, 그런 사람들에게는 자신이 지금 전국시대와 에도시대에 살고 있다고 상상하는 능력이 공부의 촉진제가 될 것이다.

계기는 무엇이 되든 상관없다. 전국시대에 관한 책으로 나는 『헤우게모노(익살꾼)』라는 만화를 애독한다. '후루타 오리베'라는 무장 다인을 중심으로 한 다도 드라마인데 센노 리큐, 도요토미 히데요시, 도쿠가와 이에야스 등 유명 인물들이 등장하여 상상력을 불러일으키므로 공부에도 도움이 된다.

책을 읽기 전, 나는 전국시대에 대해 한 가지 의문이 있었다. '그렇게 참혹하게 죽고 죽이는 시대에 왜 그토록 다도를 숭배했을까? 왜 그렇게 찻잔에서 높은 가치를 찾으려 했을까?' 전국 시대에는 찻잔 하나가 때로는 성 한 채와 맞먹는 가치를 지니기도 했다. 현대를 사는 내게는 그런 가치관을 이해하기 어려웠다. 그 의미를 알지 못했고 그에 대해 아는 바도 없었다. 그런데 책을 읽고 나서는 '그렇구나, 그럴 수도 있겠다' 하고 이해할 수 있었다.

특히 오다 노부나가와 도요토미 히데요시에게 봉사하며 다도에 관한 일을 맡아보았던 리큐라는 인물에 대해서도 새로운 면을 알게 됐다. 그동안 생각했던 것과 달리 검소하기만 했던 사람으로 묘사되었기 때문이다. 물론 만화는 오락물이라서 지나치게 과장되거나 단정적으로 묘사한 부분이 많다. 그래도 읽을 만한 가치는 있다.

더욱이 이 만화를 통해 지적 호기심을 자극받아 리큐와 주변의 다도인, 전국시대 전체에 대한 책을 읽고 싶어졌다. 야마모토 겐이치의 베스트셀러 『리큐에게 물어라』도 그와 같은 촉진제가 되었다.

어느 한 분야에 상상력이 자극을 받으면 관련 분야의 조금 더 어려운 책도 읽고 싶어진다. 이것이 바로 감각으로 하는 공부이다. 이때 꼭 한 나라로 범위를 국한시킬 필요는 없다. 로마시대나 르네상스 세계에 빠진 사람이라면 그에 대한 상상력이 관심 네트워크를 확장시키는 정체성이 되어준다. 계속해서 '뭐든 한 권 더', '다른 것은 더 없을까?' 하고 흥미가 발전하고 그 분야를 알고 싶어서 더욱 공부하게 된다. 이와 같이 지식은 점이 아니라 '뿌리줄기'로 확장시켜야 효율이 높아진다.

5 장

오감을 활용해
완전한 내 것으로 만들다

1

낭독은 지식을 받아들이는
가장 빠른 길이다

자신의 능력을 어떻게 끌어올리고 극대화할 것인가? 그 숙제에 대한 답은 '공부를 위한 오감을 총동원하기'이다. 오감이란 시각, 청각, 미각, 후각, 촉각이라는 다섯 감각을 말한다. 이외에도 비유적으로 '뭔지 모를 직감처럼 번뜩이는 감각'을 여섯 번째 감각이라고 부르는 경우도 있지만, 그것은 잠시 제쳐두기로 하자. 요점은 사람이 몸에 지닌 모든 감각을 이용하자는 말이다.

내가 쓴 『소리 내어 읽고 싶은 일본어』라는 책의 콘셉트가 바로 거기에 있다. 같은 문장이라도 말없이 눈으로 읽기만 해서는 뇌에 깊은 인상을 남기기가 어렵다. 더 깊게 몸 전체로 지식을 흡수하는 방법이 있다는 것을 알려주고 싶었다.

그러나 소리 내어 책을 읽는다고 하면 유치원이나 초등학교 저학년 수업이 떠오르기 쉽다. 집에서 책을 펼 때도 어린아이는 대개 소리 내어 읽는다. 왠지 어른들의 독서법은 소리 없이 읽어야 할 것 같다. 그래서 낭독이라고 하면 약간 유치한 이미지를 가질지도 모르겠다. 하지만 소리 내어 읽는 방법은 좋은 것을 흡수하기 위한 가장 빠른 길이다. 눈을 사용하는 것은 물론이고 소리를 냄으로써 귀도 사용된다. 발음하기 위해 목과 가슴을 진동시킨다. 그러면 자연스럽게 몸의 구석구석까지 움직이고 깨닫게 된다.

낭독이라고 단순히 입만 움직이는 것이 아니다. 냄새도 느껴진다. '냄새로 어떻게 학문을 하는가?'라고 물을지도 모르지만 모든 책에서는 각기 다른 냄새가 난다. 단행본 혹은 잡지 등 모든 책은 각기 다른 냄새를 지녔다. 특히 사진이 많은 잡지는 그 독특한 냄새가 독자의 코를 강하게 자극한다. 그래서 종종 자신이 예전에 애독하던 잡지에 대해 이야기할 때면 "페이지를 펼쳤을 때 나는 냄새로 옛 기억이 퍼뜩 되살아났다", "그 냄새가 그립다"라고 말하는 사람도 적지 않다. 기억과 냄새는 깊은 관련이 있다.

고서의 냄새도 사람의 감각을 휘감는다. 나는 우치다 핫켄의 에세이를 좋아해서 오분샤 출판사에서 나온 문고판을 애독했는데, 그 책은 출판한 지 아주 오래된 것이었다. 내 손에 들어왔을 때는 이미 세월을 짐작하게 하는 냄새가 제법 났다. 옛날식 표기법을 따르고 있어서 현대식 표기법에 익숙한 나는 읽기 어려웠다. 하지만 페이지를 펼친 순간 풍겨오는 세월의 냄새에 이끌려 마치 우치다 핫켄이 살던 시대로 인도되는 듯했다.

　냄새를 포함해 책 전체의 분위기를 통해 작가가 살던 시대가 느껴지면 그 책에 한층 더 쉽게 몰입할 수 있다. 좀 더 흡수하고 싶다는 마음이 생겨 공부 의욕이 솟는다.

영어는 못해도 프랑스어는
잘하는 불가사의

공부하고 싶고 내 것으로 만들고 싶은 대상에 얼마나 깊이 파고들었는지, 그 세계로 얼마나 깊이 빠져들었는지에 따라 학습 능력에도 차이가 생긴다. 그 세계에 몰입하면 그 순간 공부가 즐거워진다. 반대로 그 세계에 들어가지 못하면 아무리 애를 써도 열중하지 못하고 공부가 괴롭기만 할 것이다.

공부란 '꼭 하고 말 거야' 하고 겉으로만 노력한다고 되는 것이 아니다. 우선 도움닫기가 필요하다. 소리도 좋고 냄새도 좋다. 오감을 총동원해 내가 원하는 세계에 익숙해지는 과정이 있어야 효과적이다.

그런 점에서 법률은 가장 무미건조하고 재미없는 공부이다. 아마 대부분의 사람이 동의할 것이다. 법률 공부는 한겨울 수영과도 같아서 좋아하는 사람은 기꺼이 하겠지만 보통 사람들은 딱 질색하며 경원시하기에 십상인 세계이다. 사실 대학에서 법학부에 소속되었던 나조차도 법률은 재미없는 학문이라는 생각을 은연중에 가지고 있었다.

그런데 언젠가 우연히 재미있는 형법책을 발견해서 동기생과 이런저런 대화를 나누며 읽다가 나도 모르게 법률의 세계로 깊이 빠져들었다. 머리가 아니라 몸에서부터 법률에 익숙해진 느낌이었다. 아마 조용히 책만 읽었더라면 그렇게 되기가 쉽지 않았을 것이다. 몸이 형법에 익숙해지자 재미가 붙었고 지식을 터득하는 작업이 힘들지 않아졌다.

외국어를 배울 때도 마찬가지이다. 나는 지금 대학교수로 독일문학과, 영문학과, 프랑스 문학과 등에 소속된 학생들을 가르치는데, 전공에 따라 학생들의 사고방식이 미묘하게 다르다.

영어는 싫어하지만 프랑스어는 아주 좋아하는 학생이 있었다. 얼핏 생각하기에 뭔가 이상했다. '영어를 할 줄 알아야 프랑스어도 잘하는 게 아닌가?'라는 생각이 들었다. 그러나 사람마다 각기 다른 듯했다. 실제로 그 여학생은 영어는 잘하지 못했으나 프랑스어는 아주 잘했다. 공부도 열심히 하고 파리에서 살았던 적이 있어서 프랑스어로 대화를 나눌 만큼 뛰어났다.

어째서 그런 앞뒤가 맞지 않는 일이 생기는지는 잘 모르겠지만 중요한 것은 그 여학생이 프랑스어를 좋아한다는 사실이다. "프랑스어의 음감이 좋아요. 그래서 프랑스어를 공부하게 됐어요"라고 말했다. 내 식으로 표현하자면 그 여학생의 '몸'이 프랑스어라는 세계와 만난 것이다.

그런 연유로 오감을 사용하는 일은 매우 중요하다. 오감을 총동원하는 단계로 넘어가면 흡수력이 높아진다. 반대로 몸에 맞지 않으면 오감도 작동하지 않는다. 악순환의 연속이다. 앞으로는 외국어가 대세라고 아무리 대의명분을 내세워봤자 힘겨운 노력이 계속될 뿐이다.

3

몸의 반응을 센서 삼아
특기 분야를 찾아라

나는 지금까지 저서와 강의를 통해 책을 소리 내어 읽기를 권했지만 그렇다고 무엇이든 다 소리 내어 읽으라는 뜻은 아니다. 자신이 선택한 문장은 즐겁게 소리 내어 읽는 것이 가능하겠지만, 취향이란 사람마다 크게 달라서 자신에게 맞지 않는 것만 모여 있다면 소리 내어 읽고 싶은 마음이 들지 않을 것이다.

몸에 맞지 않는 것을 피하고 싶어 하는 것은 자연스러운 반응이다. 뒤집어 생각하면 몸의 반응을 센서 삼아 자신을 파악할 수 있다. '어떤 일을 할 때 나는 몸부터 익숙해지는가?'라는 질문을 던지고 오감을 움직여 찾고 나 자신을 발견해내야 한다.

실제로 나는 학창 시절에 몸의 반응을 센서 삼아 특기 분야를 찾아냈다. 법학부에 다녔다는 이야기는 앞에서도 했지만, 당시 나는 오로지 공부에만 전념해 사법시험도 치렀다. 그러던 중 '아무래도 나는 법률의 세계와는 맞지 않는다' 싶어 진로를 변경했다. 적성에 맞고 맞지 않고는 머리의 좋고 나쁨과는 관계가 없다. 이론적으로 법률적인 사고가 내 적성과 맞지 않는다는 생각은 들지 않았다. 하지만 법정과 그 주변을 감도는 독특한 분위기에는 도저히 익숙해지지 못할 것임을 감지했다.

좀 더 자유롭고 쓸데없는 말을 하거나 농담을 해도 괜찮으며 마음대로 이야기해도 되는 세계에 살고 싶었다. 실무보다는 사상 형성이나 교육이 나와 맞았다. 이미 벌어진 사건을 처리하는 것보다 긍정적인 마음으로 미래를 준비하는 편이 나와 더 어울렸다. 이렇게 오감에 질문한 결과 내 몸이 익숙한 길로 진로를 바꾸게 된 것이다.

오감이니까 시각, 촉각, 미각 등 사용 가능한 감각은 총동원한다. 아마 고급 레스토랑에서 식사하는 상황이 생긴다면, 원하지 않아도 오감이 자극을 받아 총동원될 것이다. 맛이나 향은 말할 것도 없거니와 식기나 식당 내의 인테리어, 의자에 앉았을 때의 편안함부터 종업원의 서비스, 흐르는 음악에 이르기까지 시각, 촉각, 청각에 와닿는 모든 것이 평가의 대상이 된다. 평범한 식당에 갈 때도 우리는 항상 이 같은 작업을 한다. 공부도 마찬가지 아니겠는가? 소리 내어 읽기 이외에도 다른 감각도 널리 활용한다면 보다 좋은 성과를 기대할 수 있을 것이다.

그림을 활용하라고 제안하고 싶다. 나라고 해서 문장을 읽을 때마다 낭독하는 것은 아니다. 언제 어디서나 할 수 있는 것도 아니라서 문장을 낭독하는 대신 그림으로 시각화하는 경우가 종종 있다. 그림을 그린 다음 내가 그린 그림을 보면서 혼자 중얼거린다. 그러면 그림이 다시 원래의 문장이 된다. 문장에서 그림으로 바뀌고 다시 문장으로 되돌아가는 것이다. 무척 간략하게 설명했지만, 이 방법을 활용하면 오감을 잘 활용하고 있다는 느낌을 받을 수 있다. 이때 그림을 꼭 잘 그릴 필요는 없다. 문장의 내용이 드러날 정도로 간략하게만 해도 성공이다.

4

요점을 시각화해서
머리에 집어넣다

문장을 그림으로 변환하는 방법을 쓰기 시작한 것은 사회 과목 시험공부와 대학에서 법학을 공부하던 무렵이었다. 그전에는 교과서와 참고서를 읽을 때면, 항목별로 내용을 빈틈없이 정리해 노트에 적는 고전적인 공부법을 사용했다. 그런데 이 방법이 전혀 효과가 없었다.

수고와 시간을 들여 요약하면 할수록 오히려 오감으로 받아들이는 부분이 줄어들었다. 노트를 만드는 일이 소용없다는 뜻은 아니다. 하지만 '지금 하는 방법으로는 아무리 열심히 해도 두뇌 단련이 되지 않겠다'고 판단한 후 더 이상 요약을 하지 않았다. 요약 대신 생각해낸 것이 적혀 있는 내용을 그림으로 그려 노트에 정리하는 방법이었다.

이 방법은 비즈니스맨이 하는 프레젠테이션이나 보고서 작성과 공통된 부분이 있다. 비즈니스 세계에서는 장황하게 긴 문장이나 에두른 설명을 싫어한다. '시간은 금'인 세계에서는 즉각 인지할 수 있는 표현법이 필요하다. 그중 하나가 시각화이다. 특히 그림이나 그래프를 많이 사용한다. 컴퓨터의 문서 작성 프로그램에는 그래프나 그림을 간단히 작성하는 기능이 빠짐없이 들어 있다. 그만큼 무언가를 이해하는 데에는 시각이 커다란 작용을 한다.

가계도가 그 좋은 예이다. '누가 내 숙부의 사촌이며, 그 증조모 되시는 분의 그 아버지의…'라는 문장은 읽기만 해도 머리가 지끈거린다. 하지만 그림으로 나타내면 짧은 시간에 쉽게 이해가 된다. 이해하고 나면 기억에도 확실하게 남는다.

문자나 말은 머리에 떠오르는 개념과 이미지를 전달하기 위한 수단이며 '매체가 곧 미디어'이다. 개념이나 이미지 그 자체가 아니다. 글로 적혀 있는 문장을 통해 내용을 이해하려면 상당한 수고가 든다.

△을 예로 들어보자. 이 모양을 설명할 때 도형이나 삼각형이라는 단어를 사용 금지시키면 몹시 번거로운 일이 발생한다. '아랫변의 양 끝에서 뻗은 변이 교차해 만난 세 꼭짓점을 가진 형태'라는 식으로 나열해야 한다. 몹시 번거롭고 뜻을 전하기도 어렵다. 그러나 그림으로 그리면 일목요연하게 금방 전달된다. 물론 삼각형이라는 단어도 나쁘지는 않지만 아무래도 그림이 더 직접적이라서 알

기 쉽다. 단어와 이미지의 관계는 다음과 같다.

① 이미지 → 단어 → 이미지

이에 반해 그림으로 나타내면 다음과 같다.

② 이미지 → 이미지

②는 ①처럼 변환해야 하는 수고를 들이지 않고 곧바로 이미지가 전달된다. 이처럼 그림을 잘 사용하면 매우 효율적이다. 하지만 그림으로 변환시키려면 문장의 내용을 제대로 깊이 이해해야 한다. 머릿속에서 전체적인 틀을 일단 따로따로 해체해 새롭게 재구축해야 하며, 처음부터 시각화를 의식하고 있어야 함은 물론이다.

이렇게 개인적으로 고안해낸 공부법의 결과는 뜻밖에도 최상이었고, 나는 이 공부법이 이해도를 높여준다는 확신을 갖게 되었다. 그래서 동기들에게 내가 그린 그림을 보여주었다. 당연히 그들은 그림만으로는 무슨 뜻인지 알지 못했다. 내용을 이해하는 사람은 나뿐이었다. 나는 그 내용을 이미 완전히 내 것으로 만들었기에 이해하는 것이다.

같은 그림인데도 보자마자 바로 아는 사람이 있는가 하면 아무리 봐도 모르는 사람도 있다. 이미 차이가 형성되었기 때문이다. 그

배움이 습관이 될 때

림을 보여준 후 나는 동기들에게 자체적으로 만들어낸 새로운 공부법을 설명했다. 그러자 그들도 나를 따라 그림을 병용하는 방법을 이용했고 이해력이 향상되었으며 공부 효율도 높아졌다. 시각화를 통한 공부법의 효능은 이렇게 입증되었다.

5

자신이 쓴 문장을
관대하게 보지 마라

오감을 최대한 활용해 그림을 그리며 설명히고 토론하는 방식은 이미 공부한 내용을 복습하는 것과 같다. 만일 공부는 굉장히 열심히 했는데도 제대로 활용하지 못하거나 내 것으로 만들지 못하는 사람이 있다면 이 방법을 시도해보기를 바란다.

공부란 모든 육체를 써서 생각하는 것이다. 직접적으로는 두뇌와 관련된 문제지만 진짜 공부는 역시 신체감각과 무관하지 않다. 깊이 이해했을 때 '뱃속으로 아는' 것 같지 않은가? 머리가 아니다. 그래서 '가슴에 와닿다', '속 시원히 이해하다', '뼛속에 새기다' 같이 신체감각을 이용한 다양한 표현이 탄생한 게 아닐까.

공부하는 도중에 '이 부분이 마음에 좀 걸린다', '아니, 이게 어찌 된 거지?'라는 이질감이 들 때가 있다. 그때 퍼뜩 몸으로 느끼는 것이 중요하다. 이질감이 드는 부분에 물음표(?) 표시를 해두자. 앞서 말한 3색 볼펜으로 하면 좋다. 대개는 뭔가 모순된 말이거나 논리가 좀 이상한 부분이 발견될 것이다. 이를 간과하지 않는다면 내용이 명쾌하게 이해되고 머리가 맑아진다.

학생들의 답안을 채점해보면 이런 상황을 좀 더 구체적으로 실감하게 된다. 영어, 국어의 주관식 시험지를 채점하다 보면 놀랍게도 무슨 말을 하는 건지 의미가 전혀 맞지 않는 답안이 꽤 있다. '읽을 수 있는데 무슨 말인지 모르는 말'로 써놓은 것이다. 물론 0점 처리를 한다. 앞뒤 연결도 안 되고 아무리 이해하려고 애써도 무슨 말인지 도통 모르겠으니 도리가 없다. 영어도 마찬가지이다. 문장 구조부터 형식이 정돈되지 않은 해답이 이어졌다. '모르는 단어에 연연하느라 헷갈린 부분이 좀 있었나 보다'라고 좋게 생각했지만 점수는 0점을 주었다.

골격은 잡혀 있으나 군데군데 단어를 몰라서 빈칸이 섞인 답안은 그나마 괜찮다. 감점은 있겠지만 점수는 준다. 하지만 전체적인 뼈대가 없고 의미 모를 말을 써놓은 문장은 점수를 주기 어렵다. 이런 답안을 적잖이 채점하다가 절실히 느낀 것이 있다.

'자신이 의미가 불분명한 문장을 쓰고 있는지조차 모르다니…. 어쩌면 이리도 둔감할 수 있지?'

학생들은 자기 자신에게 너무나 관대하다. 선생인 나는 그런 둔한 감성이 쉽게 용서되지 않는다. 그래서 0점을 준다. 처음부터 어떻게든 의미와 조리가 있는 글을 쓰겠다고 마음먹었다면 이런 답을 적었을 리가 없다. 엉망진창인 문장을 아무렇지도 않게 써서 제출한 학생에게 무엇을 쓴 것인지 나중에 질문하면 대부분 "기억나지 않습니다"라고 대답한다. 이렇게 무신경해서는 절대로 앞날의 성장을 기대하기가 어렵다. 혹시 "몰라서 그랬다"고 변명하는 학생도 마찬가지이다. 문장을 보면 의미와 조리 있는 내용을 쓰려고 마음먹은 것인지 아닌지 훤히 알 수 있다. 이런 마음을 먹고 쓴 사람의 답안은 비록 미숙하고 서툴더라도 최소한의 형식은 갖춰져 있다.

뭔가를 이야기하거나 문장으로 쓸 때, 무엇보다 중요한 것은 의미이다. 항상 '이렇게 하면 의미가 통할까? 상대에게 전해질까?'를 의식하며 체크한다면 크게 어긋나지 않을 것이다. 심한 상황까시는 번지지 않을 것이다. 이 경우 중요한 것은 그때그때 떠오르는 자신의 감정에 솔직해지는 일이다. 그렇게 하면 자신이 쓴 글이 의미가 통하는지 그렇지 않은지 정도는 바로 판단할 수 있다.

6

온몸의 감각을 사용해
공부하는 방법

외국어 문장에서도 감성을 지나치게 활용하면 오류가 발생한다. 언젠가 어느 번역 문장을 읽으며 이상한 부분을 발견했다.

"인생이란 추가가 아니라 증가이다."

얼핏 보면 의미가 통하는 듯하지만 실은 의미가 불분명하다 인생을 논하는 데 플러스를 의미하는 '추가'라는 단어를 쓴 것은 이해가 간다. 하지만 '증가'라는 의미는 이해하기 어려웠다. 추가와 증가는 무엇이 어떻게 다른가? 아무리 생각해도 의미를 모르겠기에 번역에 오류가 있었던 게 아닐까 하는 의심이 들었다. 즉각 원문을 대조해보니 짐작한 대로였다.

"인생은 addition이 아니라 multiplication이다."

원문을 직역하면 "인생은 덧셈이 아니라 곱셈이다"이다. 물론 이 문장도 그 자체만으로는 다른 설명이 없으면 무슨 뜻인지 바로 와 닿지 않는 부분도 있지만, 의미는 바로 통하는 성실한 문장이다. 이런 오역은 번역자가 제대로 사전만 찾아봤어도 해결될 일이다. 아는 번역가에게도 물었더니 그도 똑같은 말을 했다.

"이상하다고 느낄 줄만 알아도 오역은 하지 않습니다. 평상시라면 추가와 승가를 대비해서 사용하는 순간 이상하다고 느껴지는 게 정상이지요. 그런 감각이 없는 사람이 번역하는 것은 문제가 있어요."

물론 누구나 오류를 범한다. 하지만 그 오류에 도달하는 방법이 문제이다. 우선 이상하다고 알아차리는 감각을 가져야 한다. 그런 감각이 있다면 나중에 사전을 펴고 확인할 것이다. 제내로 검토만 한다면 실수는 줄일 수 있다. 가장 무서운 것은 의문을 갖지 않는 것이다.

이러한 신체감각은 캐치볼과도 비교된다. 상대의 볼을 받으면 손바닥을 통해 '오늘은 공이 빠르다', '이번 공은 날카로웠다' 하고 느낄 수 있다. 그런 감각이 중요하다. 요리를 먹을 때에도 무엇인가를 느끼게 된다. '오늘 밥은 부드럽게 잘 지어졌구나', '음식에 소금이 너무 많이 들어갔다' 등 어떤 것이든 신체감각이 작동해 알게 된다. 그것이 '신체사고'이자 온몸의 감각이다.

몸 자체도 반응한다. 온몸의 감각을 사용해 공부하는 사람은 공부한 것을 이야기할 때 몸도 저절로 움직인다. 이야기하면서 몸을 함께 움직여 생기 넘치는 분위기를 발산한다. 이런 공부야말로 시험을 위한 공부, 의미도 모르고 답을 적어내는 공부가 아닌 진정으로 자신의 몸에 밴 공부이다.

7

누군가에게 가르칠 것을
생각하고 공부하라

일본식 만담인 라쿠고의 세계에서 최고 연기자는 신우치로 등극한다. 그리고 예술, 연령, 지위 등이 일정 부분에 도달하면 제자를 받아들여 후진을 양성한다. 하지만 제아무리 신우치라 해도 너무 젊으면 제자를 받지 않는다. 모든 일에는 적절한 때가 있기 때문이다.

어느 만담가가 일찍이 실력을 인정받아 스승에게서 제자를 맞이하라는 권유를 받았다. "아직 저는 그럴 입장이 아닙니다"라고 거절하자 스승이 "남을 가르치면 자신에게도 공부가 되느니라. 그러니 가르치도록 해라"라고 말했다. 스승의 말이 옳다고 여긴 그는 제자를 받아들이기로 했다.

남을 가르치는 일이 자신에게 공부가 된다는 말은 일상생활에서도 통용된다. 습득한 지식을 다른 사람에게 이야기하면 기억이 더 명확해진다. 기억은 반복될수록 보강되기 때문이다. 기억을 잘 하는 사람은 말을 잘한다. 다만 때와 장소를 적절히 가리지 못하면 잘난 척하는 듯해 남에게 불쾌감을 주게 되니 도를 넘지 말아야 한다.

남에게 말해주거나 내용 전달을 전제로 공부하면 지식을 입력할 때부터 출력을 염두에 두고 정확하게 배우려고 신경을 기울이게 된다. 애매한 지식이나 적당한 이해로는 횡설수설하게 되므로 책 한 권을 읽더라도 그 진지함이 사뭇 다르다. '세미나 강사를 해볼까? 한번 가르쳐보자'라는 마음으로 공부한다면 더할 나위 없이 좋다. 평소처럼 그저 '시험이니까 외워야지'라는 수동적인 공부와는 분명 큰 차이가 있다.

예컨대 '1492년 콜럼버스가 아메리카 대륙을 발견했다'는 내용을 암기만 하는 것은 수동적인 공부법이다. 전달하고 가르쳐주고 싶은 마음이 있다면 어떤 배로 항해했는지, 콜럼버스는 어떤 인물이었는지, 당시 세계 정세는 어떠했는지 등을 폭넓게 입력하고 싶어진다. 종합적인 고찰에까지 흥미를 갖게 된다. 전달하고자 하는 의식이 입력의 양과 질을 크게 바꾼다.

그렇게 보면 '강사가 될 만한 사람'과 '학생에 머무르는 사람'으로 유형이 나뉜다. 강사가 될 만한 사람이란 지식을 입력할 때부터 가르칠 것을 생각하는 사람이다. 자칫 잘못하면 편협한 마니아로

빠질 소지도 있고 개중에는 '약간 이상한 사람'이 섞일 경우도 있으나 이는 애교로 넘어가자. 아무튼 남에게 전달하고 누군가를 가르치고 싶다면 처음부터 확실하게 듣고 읽고 흡수하게 된다. 배우는 자에 머무르는 사람과 비교하면 입력의 양과 질에 차이가 있을 것이다. 물론 가르치는 자가 될 만한 사람을 지향해야 한다.

| 6 장 |

다각적인 관점으로
문제를 바라보다

1

드라마 메이킹 필름에서
배워라

지금까지 공부의 의의와 방법에 관해 이야기했다면 이제 '공부를 왜 하는가? 그 원동력은 과연 무엇인가?'에 대해 알아볼 차례이다. 사람은 공부를 왜 하는 것일까? 좋은 학교나 회사에 들어가서 자신을 업그레이드하려는 목적이 제일 먼저 떠오른다. 이외에도 공부하는 이유는 사람에 따라 상황에 따라 가지각색이다. 하지만 모두 공부를 하고 싶어서 한다기보다 필요하기 때문에 한다. 그런 이유로 대부분의 경우 필요한 만큼의 공부를 다 했거나 혹은 그 필요성이 사라지면 흔쾌히 그만둔다.

그럼에도 평생 공부를 계속하는 사람도 있다. 이 경우에는 공부를 하고 싶어서 하는 것이다. 그 원동력과 의욕은 어디서 나오는 것일까? 나는 '감동'에 답이 있다고 생각한다. 감동하기 시작하면 공부 의욕이 꾸준히 이어진다.

사람과의 만남을 통해 감동을 얻는다. 예컨대 아인슈타인의 전기를 읽고 대단하다고 감동했다면 '나도 아인슈타인처럼 과학의 길을 걷고 싶다. 공부하고 싶다'는 마음이 생긴다. 당연히 공부는 오랫동안 이어진다. 이때 학문 그 자체에 감동하는 부분이 클 것이다. 그와 더불어 학문의 성과를 획득할 때까지의 과정에서 접하는 것들이 한층 더 깊은 감동을 준다.

나는 영화나 드라마의 제작 과정을 보는 게 좋아서 메이킹 필름을 자주 본다. 이것을 보면 '무대 뒤에서 사실은 이러한 연구를 했구나', '이 장면이 이런 고생 끝에 촬영된 것이구나', '촬영장의 분위기는 이렇구나', '여러 사람이 공들여 만든 무대였구나' 하는 영화 제작의 어려움에 대해 알게 된다. 영화의 뒷이야기야말로 한 편의 영화 같다.

얼마 전에도 형사물 TV 드라마의 홍보용 메이킹 필름이 방송되었다. 이 드라마는 실존하는 유명한 형사가 주인공으로 나오는 아주 잘 만들어진 역작이다. 메이킹 필름을 보면 어떤 장면의 컷은 몇 번이나 재촬영되기도 했다. 본편에서는 눈 깜짝할 새에 지나가는 짧은 컷이었다. 신문기자 역의 젊은 남자 배우가 집 밖에 서 있고 그곳으로 카메라가 다가가는 부분을 몇 번이나 다시 찍었다. 오랜 시간 동안 정성과 노력을 많이 들여 촬영한 것이다.

그 후로 나는 텔레비전이나 영화에서 작품의 한 컷 한 컷을 주의 깊게 살펴보게 되었다. 이전에는 텔레비전 드라마에 대해 그런 마음을 가져본 적이 없었다. 그러나 이제는 방영하면 고마움마저 느낀다. 방송국을 출입하면서부터는 그 마음이 더해졌다. 드라마 제작을 어깨너머로 살짝 구경만 했을 뿐인데도, 그들이 얼마나 고생해서 드라마를 만드는지 알게 되었다. '방송국은 이렇게 힘든 과정을 거쳐 프로그램을 만드는구나'라는 생각에 머리가 절로 숙여진다.

드라마 제작 과정을 보면 20초밖에 안 되는 짧은 장면을 촬영하기 위해 반나절을 훌쩍 넘기는 경우가 예사이다. 그런 식으로 30분 혹은 한 시간짜리 드라마를 만든다니 얼마나 어마어마한 시간과 수고가 드는지 짐작이 간다.

시대 배경 하나만 봐도 대본에 '1955년'이라고 쓰는 것은 간단하다. 하지만 그것을 거리 세트, 자동차, 복장 등으로 영상화하기 위해서는 엄청난 노력과 연구가 필요하다. 관계자의 말을 들어보면 오히려 어중간하게 가까운 시대가 재현하기에 더 어렵다고 한다. 많은 사람이 그 당시를 기억하고 있어서 상당히 신경을 써야 한다고 한다.

배우나 스태프도 힘들기는 마찬가지이다. 효율적으로 촬영하려는 그들의 고생은 엄청나다. 오랜 시간 촬영장에 묶이고 기다리는 시간도 몹시 길다. 마치 합숙이라도 하는 것처럼 갇혀 지내는 생활이 계속된다.

시청하는 입장에서는 이런 사정들까지 속속들이 알지 못한다. 그저 방영되는 드라마를 별생각 없이 보고 연기가 엉망이라는 등 느끼는 대로 말하면 그만이다. 하지만 한 번이라도 현장의 메이킹 필름을 본다면 분명 놀라고 감동받을 것이다.

'그런 세계가 있다니 말도 안 된다'라며 남의 일처럼 말하는 사람도 있지만 '내 삶의 보람을 여기에서 찾겠다'라고 감동하는 사람도 틀림없이 있을 것이다. 그 사람은 이 분야에 관심을 갖고 평생 공부해 나갈 것이다. 실체에 대해 어느 정도까지 이해했느냐는 하나의 분야를 알기 위한 최소한의 노력이다.

2

과정을 아는 것이
진짜 이해이다

문학의 세계도 마찬가지이다. 『금각사』와 『가면의 고백』 등으로 잘 알려진 소설가 미시마 유키오는 수많은 자신의 작품마다 창작 노트를 남겼다. 이른바 문학판 메이킹 필름이다. 그것들을 읽어보면 최초 구상에서부터 스토리를 몇 번씩 다듬어 최종 형태로 정리해 가기까지의 시행착오와 고군분투가 생생하게 느껴진다. 단어 하나에서 등장인물의 대사에 대한 고민까지 창작상의 이런저런 배경이 환히 보인다.

그 과정을 읽고 나면 원하지 않아도 작품을 보는 눈이 변할 수밖에 없다. 자신의 능력 수준을 높이고 싶다면 완성된 작품을 건성으로 읽지 말고 배경과 과정까지 깊이 파고들면 훨씬 효과적이다. 그러다 보면 다른 관점에서 사물을 보는 능력도 커진다.

사물을 다각적인 관점으로 본다는 것은 단순히 하나의 관점만 보는 '단편적인 시각'이 아니고 고도의 능력을 가졌다는 말이다. 다시 말하면 더 많은 재미를 느끼게 되므로 그것은 의욕의 원천으로 이어진다.

물론 영화의 메이킹 필름이나 문학의 창작 노트를 하나에서 열까지 세세하게 볼 필요는 없다. 하지만 창작 과정을 한 번이라도 접해보고 나면 어떤 것이든 다른 각도에서 감상하게 되고 이해도 잘될 것이다. 나아가 작품의 배경이 궁금해지고 더 몰입하게 되고 감독이나 작가의 팬이 될 것이다. 한 번 감동을 받으면 그 영향은 이후에도 계속된다. 아인슈타인의 팬이 된 사람은 물리학을 목표로 돌진하게 될 수도 있고, 고레에다 히로카즈에게 매료된 사람은 영화로 진로를 정할 수도 있으며, 무라카미 하루키에게 반한 사람은 문학에 뜻을 두게 될 수도 있다. 이른바 자발적인 공부를 시작하는 것이다.

일찍이 그런 식으로 사람을 끌어당기는 특별한 힘을 가졌던 사람이 바로 칼 마르크스이다. 조금 오래된 이야기이지만 한때 대학생들은 『자본론』을 필독서로 생각했다. 그만큼 사람들은 마르크스가 구축한 장대한 이론을 신앙처럼 여겼다. 마르크스 본인은 "종교는 아편(마약)의 일종이다"라며 종교를 부정했음에도(마르크스주의를 신봉한 예전의 공산주의 국가에서는 종교를 탄압하기도 했음) 마르크스주의 그 자체가 종교처럼 되어버렸다.

배움이 습관이 될 때

『인간실격』의 작가 다자이 오사무는 이 때문에 괴로워했다. 마르크스 사상에서 인류의 미래를 찾고자 하는 분위기가 강했던 당시에 마르크스주의를 수용한 적도 있었지만 결국은 마음을 바꿨고 질타를 당했다. 사람들에게 "마르크스주의를 받아들이지 못한다면 더 이상 인간이라고 말하기 어렵다"라는 비난을 들으며 죄책감에 떨어야 했다.

사실 다자이는 괴로워할 필요가 없었다. 냉정하게 돌이켜보면 마르크스가 말한 내용은 전부 이상한 것은 아니었지만 현실에 바로 적용하기에는 문제점이 많았다. 마르크스주의는 결국 소비에트라는 장대한 실험을 통과하는 과정에서 국가 이론으로서는 실패작으로 막을 내렸다. 사상에 커다란 결함이 있었던 것이다. 이 같은 사실을 아는 것만으로도 단순히 남이 권해서 책을 읽었을 때와는 흥미와 관심이 달라진다.

요즘은 대학생들 중에도 『자본론』의 개요조차 모르는 사람이 많다. 과거에 출간된 책을 건넨다면 그 진부한 느낌의 표지를 보는 것만으로도 이 책을 읽고 싶은 마음이 싹 사라질 것이다. 펼쳐보려는 학생도 없을 것이다.

하지만 마르크스가 이 이론을 제창하게 된 과정을 알게 된다면 적어도 처음 몇 페이지 정도는 일부러라도 훑어볼지도 모른다. 좀 더 다양하고 상세한 작업 과정을 접했을 경우 다각적인 관점에서의 지식이 배경이 되어 읽고 싶어질 것이다.

3

지^知의 미궁으로
어서 오세요

자서전이나 해설서도 메이킹 노트의 일종이다. 이 또한 활용하면 득이 된다. 인생과 업적을 한데 잘 아울러 쓴 점이 재미있다. 칼 구스타프 융의 심리학을 공부하고 싶다면 처음부터 어려운 책에 도전하지 말고 우선 그의 자서전부터 읽어보라. 자서전에는 그가 어떤 인생을 살았고 어떻게 업적을 이루었는지는 물론이고 지하의 대왕이 등장하는 무서운 에피소드 등 어린 시절부터 체험한 어마어마한 양의 꿈과 환상에 관한 이야기가 생생하게 서술되어 있다.

그런 전기를 읽노라면 누구라도 그가 개척한 심리학이라는 거대한 밀림에 발을 들여놓고 싶어질 것이다. 자서전을 통해 얻은 다방면의 지식은 여러모로 도움이 되며, 저서를 접할 때도 마음가짐이나 흥미 등의 작용 방식이 전혀 달라진다.

계몽가이자 교육자인 후쿠자와 유키치를 공부하면서 가장 먼저 그의 전기를 읽었다. 그 유명한 『후쿠옹자전』이다. 이 책을 읽고 난 후로는 후쿠자와가 쓴 다른 저서들이 다 재미있었다. 메이지 정부의 고급관리인 가쓰 가이슈에 관해서도 그의 자전적인 이야기가 포함된 『히카와 세이와씨』라는 책을 읽었다. 덕분에 그의 다른 책을 손에 들었을 때 내용이 수월하게 머리에 들어왔다.

그 밖에도 세균학의 아버지라고 불리는 기타사토 시바사부로^{北里柴三郎}나 정치가 겸 외교관인 무쓰 무네미쓰^{陸奥宗光}를 알기 위해 그들의 전기를 읽었다. '아, 그렇구나. 이런 사람이었구나'라는 감동이 솟구쳐 자연스럽게 그의 주변에 관해서도 흥미를 갖게 되었다.

정치가 다카하시 고레키요^{高橋是清}의 자서전은 유명하다. 그는 달마대사 또는 달마 재정장관이라고 불리며 일본국민들로부터 폭넓은 존경을 받은 인물로 격동의 삶을 살다 간 사람이다.

그의 인생 드라마는 파란만장했다. 13세의 어린 나이에 해외 유학을 나선 것까지는 좋았는데, 속아서 농원에 노예로 팔려갔다가 그다음 해에 가까스로 귀국한다. 이후 출세 가도를 달리며 마침내 수상 자리에까지 올랐지만, 그 이후가 다시 고난의 연속이었다. 재정장관으로서 높은 평가를 받은 다카하시에게 시국이 어려워질수록 국민들은 더 많은 기대를 했고, 그 결과 여러 차례 재정장관에 재임명되었다. 또한 수상 자리에도 두세 차례 연속해서 올랐다. 시국이 어려울 때면 사람들은 그를 원했고 그는 목숨을 걸고 혼신의 힘을 다했다. 그러다 여섯 번째 재정장관으로 재직하던 중 군 예산을 삭감한 데 화가 난 군부에 의해 살해당하고 만다. 다카하시의 진심을 헤아린다면 일어나서는 안 될 일이었다. 그의 사람됨을 알게 된 후 나는 그 시대에 더 깊은 관심을 갖게 되었다.

자서전이나 전기는 타인의 감동과 인생을 체험하게 만드는 데 큰 작용을 한다. 이 같은 공부법은 결코 특별하지 않다. 누구나 인물에 가까이 다가갈수록 그 주변에 흥미를 품게 된다. 싫어하는 사람은 어떻게 되든 상관없지만, 사랑하는 사람에 대해서는 뭐든지 알고 싶어지는 법이다. 그 사람에게 흥미가 있고, 감동했다면 공부하고자 하는 의욕이 강해진다.

4

이해의 일탈을
마음껏 즐겨라

결과가 아니라 과정을 통해 대상에게 몰입할 경우 공부가 더욱 즐거워진다. 설령 난해한 대상이라 해도 쉽게 이해할 수 있다. 구 소비에트 시절, 유난히 어려운 영화를 만드는 것으로 유명했던 감독이 있다. 바로 안드레이 타르코프스키^{Andrei Tarkovsky}이다. 〈솔라리스〉, 〈노스탤지어〉 등이 세계적으로 잘 알려져 있다. 이 작품들은 모두 수준 높은 명작이지만 내용이 어렵다.

가장 유명한 〈솔라리스〉는 일단 SF영화로 분류되지만 〈스타워즈〉처럼 쉬운 내용은 아니다. 나는 처음 그 영화를 접했을 때 뭐가 뭔지 이해하기 어려웠다. 전혀 모르겠다는 건 아니었지만 상당히 난해해서 당황스러웠다.

지금 생각해보면 그것은 다만 타르코프스키의 작품 감상법을 몰랐기에 생긴 일이었다. 그가 남긴 기록인 『타르코프스키 일기』를 읽은 후에 비로소 그의 작품 세계를 이해할 수 있었다. 이 책은 소비에트(지금의 러시아)에서 정부의 압박을 받던 예술가의 고뇌와 고투로 점철된 내용이다. 당시 소비에트에서는 '예술도 인민을 위한 것이어야 한다'는 취지 아래 무조건 대중이 알기 쉬운 작품, 국위를 선양하는 위풍당당한 작품을 요구했다. 반대로 어렵기나 지나치게 순수예술적인 작품은 배제되었다.

그 좋은 예가 회화이다. 실제 보이는 형상을 그리는 작품, 이른바 구상화를 권장했고 피카소의 작품 같은 추상화는 비난을 받았다. 당시 최고 권력자였던 니키타 후르시초프가 추상화를 보며 "당나귀 꼬리털로 그린 것 같다"고 혹평한 일화는 유명하다. 국가의 눈 밖에 났다가는 갖은 고난과 역경을 각오해야 했다. 작품을 만드는 예산이 삭감되거나 아예 제작 기회조차 박탈당했다. 극단적인 경우에는 신변의 안전까지도 위협을 받았다.

결국 난해하고 국위선양도 되지 않는 작품을 만들던 타르코프스키는 검열을 통해 심한 간섭을 받아야 했고 제작 예산도 깎였다. 하지만 필사적으로 영화를 만들었고 일기에 자신의 괴로움과 번민을 기록했다. 그는 자신의 작품에 대해 다음과 같은 의미 있는 말을 썼다.

내 작품이 어렵다고들 하는데 그렇다면 문학에서 시는 어떠한가?

배움이 습관이 될 때

시는 산문보다 어려운 부분이다. 단어가 갑자기 비약하거나 생략되는 등 보통의 방법으로는 읽기 어려운 경우가 많다.

하지만 의미를 전부 다 이해하지 못해도 독자들은 너그럽게 용서하지 않는가?

유려한 단어들이 계속 나열되다가 불쑥 예상하지 못한 단어를 맞닥뜨리게 되는 점이 시의 매력이다. 설령 단어의 의미가 바로 연결되지 않는 부분이 있다 해도 그 일탈을 즐기고, 바로 그 때문에 멋진 예술이 된다며 너그럽게 봐주지 않는가?

그 현상이 왜 영화에서는 허용되지 않는단 말인가? 나는 영화로 시를 짓는 것이다.

이처럼 시와 산문의 비교를 통해 타르코프스키는 영화의 이해를 위한 힌트를 제시했다.

5

때로는 시를 감상하듯
텍스트를 느껴라

시와 성격이 상반된 산문은 분명 누구나 쉽게 이해하는 장르이다. 원래가 커뮤니케이션의 한 수단으로 탄생한 것이기 때문이다. 그런 까닭에 영상도 산문적으로 만들면 누구나 쉽게 이해한다. 예를 들면 액션물이나 형사물의 TV 드라마가 그것이다. 산문식이라고 해서 비약이나 생략 등의 시적인 방법과 전혀 무관한 것은 아니지만, 기본적으로 적당한 선에서 얼마든지 이해할 수 있다. 그래서 사람들은 이런 산문적 콘텐츠들을 일하다 잠시 쉬는 동안이나 화장실에서 틈나는 대로 즐긴다.

TV뿐 아니라 영화도 마찬가지이다. 극단적으로 말하면 보통의 작품은 이야기 줄거리만 따라가면 된다. 타르코프스키의 영화는 고도로 복잡한 영상으로 이루어진 장편의 시이다. 다른 영화와 달리 영상, 플롯, 줄거리도 알기 쉽지 않다. 이런 작품의 장점을 제대로 맛보기 위해서는 산문과는 다른 감상법이 필요하다. 형사물이나 액션물을 대하는 마음으로 영화관에 가서 이야기의 줄거리를 쫓아가려 한다면 어림도 없다. 몹시 놀라서 "대체 이게 뭐야?"라는 말이 절로 나온다.

도쿄의 한 영화관에서 〈노스탤지어〉를 보다 작은 사건을 접한 적이 있다. 영화가 끝난 직후 뒷좌석에 앉았던 중년 남성이 갑자기 "내가 다 말하고 다닐 거야, 다!"라고 소리를 질렀다. 순간 나는 '머리가 이상한 사람인가?' 하고 생각했다. 남자는 계속 소리쳤다.

"틀림없어. 이 영화를 만든 자식은 분명 머리가 이상한 놈이야!"

변두리도 아니고 도심 한복판의 번듯한 영화관에서 이런 일을 겪으리라고는 꿈에도 상상하지 못했다. 처음 있는 일이었다. 하지만 곧바로 나는 '저 사람은 참 솔직하구나' 하고 생각했다. 모르는 것을 모른다고 표현하는 남자의 자유로운 정신세계에 저절로 웃음이 났다. 아마 대부분의 사람이 〈노스탤지어〉를 보며 '뭐가 뭔지 모르겠다'고 생각했을 게 뻔하다. 그 남자처럼 모르겠다고 소리 지르는 사람이 더 있다 해도 전혀 이상하지 않은 상황이었다. 그럼에도 다른 사람들은 소리치지 않았다. '이 영화는 좋은 평가를 받았다. 그 좋은 점을 이해하지 못하는 건 다 내 탓이다. 내 머리가 좋지 않아서다'라고 생각했으리라.

타르코프스키가 지적했듯이 소리 지른 남자를 포함한 많은 관객이 시를 산문 읽는 감각으로 대했기에 그 영화를 이해하지 못했을 뿐이다. 예를 들어, 남자가 왼쪽을 향해 대화를 한다. 이어서 여자가 오른쪽을 향해 뭔가를 말한다. 그러면 관객은 두 사람이 함께 있는 영상을 보지 않아도 남녀가 대화하고 있다고 상상한다. 마주한 이미지가 만들어지기 때문이다. 다른 예를 들어보자.

① 흘끗 아래를 보는 남자

② 테이블 위에 놓인 총

③ 등을 돌리고 방을 나가는 남자

④ 총이 사라진 테이블

이 순서대로 장면을 보여주는 것만으로도 관객은 남자가 총을 들고 나갔다고 상상한다. 남자가 총을 실제로 가져가는 장면은 없어도 된다. 결국 컷의 구성만을 이용해 감독이 의도한 이미지를 관객들이 보는 것이다. 그것이 몽타주(구성, 편집)이다. 이 기법은 이젠 너무나도 당연한 방식이어서 관객들은 의식조차 하지 않는다.

그러나 몽타주 기법 또한 어떻게 사용하느냐에 따라 매우 난해한 기술이 된다. 프란시스 포드 코폴라^{Francis Ford Coppola} 감독이 만든 영화 〈유스 위드아웃 유스^{Youth Without Youth}〉에서는 몽타주 기법을 최대한 사용해서 시간의 흐름을 복잡하게 뒤섞어 놓았다.

비밀스러운 회춘 능력을 가진 중년의 교수가 불멸성 때문에 나치의 표적이 되는 내용이었다. 영화의 원작 소설을 읽은 나는 '영화로 만들면 이미지가 이렇게나 재미있게 확장되는구나!'라고 감탄했다.

대신 영화는 이해하기는 좀 어렵다. 산문적이라기보다 역시 시적이다. 보고 있으면 관점이 혼란스러워져서 지금 보고 있는 장면이 어느 시점인지 잘 모르겠다. 단순히 산문적으로 줄거리만 쫓는 습관에 빠진 관객이라면 거부감을 느낄 것이다. 만만치 않은 작품이다.

뭔가를 배우거나 자기 것으로 만들려면 사물을 보는 관점이나 접하는 방법부터 배울 필요가 있다. 메이킹 필름, 창작 노트 등 작업 과정을 알 수 있는 것을 실마리로 삼으면 이해의 문은 쉽게 열린다.

6

공부하다
울어본 적이 있는가

작업 과정을 연구하는 의미에서 나는 스포츠 선수에 관한 이야기를 좋아한다. 운 좋게도 나는 스피드스케이트의 시미즈 히로야스^{清水宏保} 선수와 유도에서 올림픽 3연패를 달성한 노무라 타다히로^{野村忠宏} 선수와 대담한 적이 있고, 해머던지기의 무로후시 코지^{室伏 広治} 선수와도 이야기를 나눈 적이 있다.

남자 400미터 허들 경기의 다메스에 다이 선수에게서 여러 이야기를 들었을 때는 나도 모르게 한숨이 나왔다. 언뜻 보기에 단순해 보였던 허들 경기가 전혀 그렇지 않다는 걸 알게 되었기 때문이다. 첫 번째 허들은 어떻게 뛰어넘을지, 거기를 몇 초 몇에 통과할지 등 항상 치밀하게 계산해야 한다. 하나만 잘못돼도 전부 무너져버린다. 마치 스위스 시계를 조립하는 것처럼 정밀하고 어려운

배움이 습관이 될 때

작업임을 알고는 크게 감탄했다. 평상시에도 전신 근육을 체크하면서 연습하는 등 매우 이론적으로 훈련한다고 들었다. 그 사실을 알고부터는 경기를 보는 관점이 달라졌다.

체조의 쓰카하라 나오야 선수와 대담을 했을 때는 아버지이자 코치인 쓰카하라 미쓰오 씨가 이런 이야기를 들려주었다.

"지금 세대의 선수들이 하고 있는 체조는 저희 때와는 수준이 다릅니다. 난이도가 거의 초인적입니다."

쓰카하라 미쓰오는 예전에 고난도 문설트 기술^{Moonsault}로 올림픽 우승을 차지했던 사람이다. 그런 그가 '사람이 하기 힘든 기술'이라고 단호히 말했던 요즘 기술을 보기 좋게 성공시키는 나오야 선수 세대는 얼마나 대단한 선수들인가?

익숙함이란 무섭다. TV에서 스포츠 선수들의 활약을 자주 접하다 보면 대수롭지 않게 여겨지니 말이다. 피겨스케이트도 마찬가지이다. 선수는 아무렇지 않은 얼굴로 3회전, 4회전 점프를 한다. 관객들은 '잘했다', '실패했다' 말하지만, 사실 초인적인 기술을 보고 있는 것이다. 그 사실을 알려면 스스로 타보는 게 제일이다. 아마 단 10센티미터의 점프도 하지 못할 것이다.

밖에서만 보지 말고 자기 나름의 '작업 과정'을 통해 몰입해보아야 효과적이다. 그런 의미에서 '나는 감동하고 있는가?'라고 자신에게 물어보기를 바란다. 감동하지 못했다면 공부하기는 힘들다. 감동이야말로 두뇌를 단련시킬 때 중요한 원동력이다.

한 가지 짚고 넘어가자면 감동은 '우는 것'이 아니다. 자칫 요즘은 '감동＝눈물 흘리는 일'로 받아들이기 십상인데 그런 표면적인 것이 아니다. 감동이란 자신의 마음 깊은 곳에서 뭔가를 느끼고 그 마음이 움직이는 것이다. 대상에게 이끌려 마음이 뭔가를 느끼고 움직이면 행동이 변한다. 진정한 의욕이 솟아나고 그것이 두뇌를 단련시킨다.

7장

하나를 듣고 열을 아는 힘,
추리력

1

성장을 평가해주는
사람을 만나라

사람이 최선을 다하기 위해서는 외부적인 요소도 다양하게 고려해야 한다. 그중 하나가 다른 사람의 눈이다. 자신을 끌어올려주는 누군가가, 자신을 지켜보고 평가해주는 누군가가 필요하다.

개가 재주를 부리거나 시키는 대로 말을 잘 듣는 것은 오로지 주인에게 칭찬받고 싶은 마음 때문이라고 한다. 칭찬해주면 무엇이든 기꺼이 한다. 사람도 마찬가지로 칭찬받고 싶어 하는 성향이 강하다. 그 궁극적인 태도가 바로 "나를 알아주는 사람을 위해 죽는다"라는 말이다. 사람은 자신을 이해해주는 사람을 위해 목숨까지 바치기도 한다. '이해받고 싶다', '칭찬받고 싶다'는 마음은 인간의 근원적인 욕구이다.

그런데 요즘은 인정받고 싶은 마음이 지나치게 강해진 측면도 있다. 즉, 상대에게만 요구한다. 사실은 이해받는 것과 마찬가지로, 아니 그 이상으로 다른 사람을 이해하려는 태도가 중요하다.

어쨌든 자신이 이해받는다는 것은 대개 기질이나 성격, 자신이 지금 갖고 있는 고민이나 욕구 등 많은 것을 공유한다는 뜻이다. 하지만 그런 방식은 성숙한 사고법이 아니다. 예컨대 이는 치유를 타인에게서 찾는 유형이다. 별 볼 일 없는 자신을 벌충하기 위해 상대방에게서 빼앗는 일면이 있다. 그런 만큼 상대방을 이용한다. 아무리 긴밀한 관계를 맺어도 서로 얻는 것이 없을 유형이다.

학생들이 친구들과 한가로운 한때를 보내는 것도 나름대로 의미는 있다. 자신의 아픔을 치유할 겸 서로 고민을 들어주는 것도 나쁘지는 않다. 적당한 범위라면 분명 일시적으로 기분을 풀어주는 효과는 있다. 하지만 고민을 누군가가 이해해주었다 해도 자신을 향상시키고 싶어 하는 사람에게 이것은 별 의미가 없다. 진정으로 필요한 것은 남에게서 빼앗은 것으로 자신의 부족한 면을 메우는 작업이 아니다.

가까이해야 할 사람은 '자신이 한 발짝 한 발짝 향상해 나가는 성장 폭을 제대로 평가해주고 알아주는 사람'이다. 고민에 대해 치유를 구하는 것과는 다르다. 자신이 얼마나 배우고 얼마나 흡수하는지, 그런 향상의 폭을 이해해주는 것이다. 그런 평가의 안목을 가진 사람이 곁에 있으면 큰 의지가 된다.

"요즘 훌쩍 실력이 는 것 같구나."

"대단하네. 그동안 열심히 공부했구나."

이런 식으로 알아주는 사람이 있다면 점점 더 그렇게 되고 싶어진다. 더 열심히 하겠다는 의욕이 솟는다.

2

의욕을 높여주는
책꽂이 공부법

'이해해주다'는 '알아주다'와 같은 말이다. 발전하는 만큼 이를 알아주는 상대가 있다면 사람은 크게 달라진다. 반대로 알아주는 사람이 없으면 동기부여가 되는 게 어렵다. 아이도 부모가 기뻐해주면 더 많이 웃는다. 이 같은 평가의 시선은 식물이 영양분이나 빛을 원하는 것과 같다. 필요한 양분이 충분하면 쑥쑥 자라고 부족하면 시든다. 자신의 성장치를 알아주는 사람, 자신을 믿어주는 사람이 옆에 있다는 것은 굉장히 좋은 일이다. 만일 곁에 그런 상대가 없다면 스스로 찾아보라.

자신의 실력을 측정하는 작업이 선행되어야 한다. 이는 학교에서 치르는 시험과 비슷하다. 예를 들어 영어 공부를 하고 있다면 토플이나 토익 등 객관적인 시험을 정기적으로 치르고 실력이 어느 정도인지 측정해보자. 정기적으로 치러야 한다는 점이 중요하다. 들쭉날쭉해서는 안 된다. 한 달에 한 번이어도 좋고 두 달에 한 번이어도 좋으니 일정한 간격이어야 한다. 그렇게 하면 공부와 노력의 결과로서 자신이 얼마나 성장했는지 객관적인 파악이 가능하다. '많이 발전했을 거야'라고 혼자서 가늠하지 말고 외부의 잣대를 통해서 그 차이를 확인해야 한다.

때때로 공부하고 있다며 자기만족에 빠지거나 심지어 과신하는 등 옳지 못한 판단을 하는 경우도 많다. 그런 탓에 외부의 객관적인 판단은 더욱 중요하다. 테스트이기는 하지만 다른 사람에게 자신을 평가받는 일이라서 긴장감도 생긴다. 조금이라도 더 좋은 점수를 얻고 싶은 마음이 든다. 더욱 열심히 배움에 박차를 가하게 된다.

혼자서 평가하는 또 하나의 방법은 시각화이다. 조금 과장된 표현이지만 다 읽은 책을 선반에 나란히 꽂아두는 것도 자신을 평가하는 방법이다. 혼자서 공부할 때 다 읽은 책이 차례차례 선반에 늘어나는 것을 보면 쾌감을 맛볼 수 있다.

공부할 때도 '아, 좋은 공부를 했다' 싶으면 일종의 쾌감이 든다. 만일 학생이라면 듣기만 해도 머리에 쏙쏙 들어오는 깊이 있고 재미있는 수업을 들었을 때 분명 상쾌한 만족감이 들 것이다. 이른바 질적인 쾌감이다.

공부한 양을 시각화하면 쾌감이 있다. 단순하지만 한 권의 책을 독파하고 그것을 책꽂이에 장식하는 것만으로도 기분이 좋아진다. 그것이 다섯 권, 열 권으로 늘어나면 기분이 더욱더 좋아진다. 읽기는 했지만 이해가 안 되는 책이어도 괜찮다. 중간까지 읽다가 포기한 책이 섞였어도 괜찮다. 어쨌든 공부하려고 책을 샀고 그 책이 책꽂이에 나란히 꽂혀 있으면 이유를 딱 꼬집어 표현하기는 어렵지만 익숙해진다.

무리할 필요는 없다. 일단은 1년 동안 책꽂이 한 단을 채우겠다는 각오면 된다. 그러다 어느 날, 문득 집 안이 온통 책으로 뒤덮였다는 사실을 알아차리게 될지도 모른다. 얼마나 환영할 만한 일인가.

책꽂이에 공부의 증거가 늘어나는 쾌감만으로도 스스로에게 큰 격려가 될 것이다. 한 권 한 권의 책등이 과거의 나와 지금의 내가 얼마나 변화했는지 측정하는 눈금이 되어주니 말이다.

3

낮은 산이라도
정상은 정상이다

　한 가지 일을 잘하는 사람은 다른 분야에서도 훌륭한 성과를 얻기 마련이다. 전혀 흥미가 없는 것은 별개로 하더라도, 같은 마음가짐으로 손을 대면 그 나름의 결과에 다다르는 경우가 많다. 이는 호스의 끝을 꽉 조이면 수압이 높아져 물이 힘차게 분출되는 것과 같다. 자신이 원래부터 잘하는 어떤 분야에 대해 호스를 꽉 조이는 것처럼 온힘을 다해 공부했다고 하자. 그러면 다른 사람보다 훨씬 더 큰 성과가 나온다.

　그렇게 성과가 폭발했을 때의 쾌감은 사람의 능력을 급속도로 확장시켜 더욱 빨리 달리게 만든다. 이름을 붙이자면 '한정 공부법'이다. 실제로 달리기를 잘하는 사람들은 대개 초등학생 때부터 발이 빨라 주변의 칭찬을 받으며 육상을 시작한 경우가 많다. 400미터 허들 선수 다메스에 다이도 마찬가지이다.

하나의 특기 분야가 있으면 '이것만은 누구에게도 지지 않겠다'는 자신감이 생긴다. 동시에 '이렇게 하면 내 특기로 만들 수 있겠다'는 자기만의 방법론이 공부하는 과정에서 몸에 배게 된다. 이후로는 어떤 일에서든지 그 방식을 응용만 하면 된다. 무엇을 배우고자 할 때 이미 자신이 가진 노하우를 조금 변형시키거나 확대해서 적용하면 된다. 이 방법론은 진화해 나간다.

스포츠든 전혀 다른 분야의 공부든 방법은 다르지 않다. 이미 효과가 입증된 자신만의 방법이 있으므로 차분하고 확실하게 공략할 수 있다. 도중에 망설이는 일도 줄어든다. 망설임이 없다는 말은 자신이 있다는 뜻이다. '반드시 해내겠다'는 확신을 가지고 임하지 않는 한 공부가 몸에 배기란 쉽지 않다. 불안을 품은 상태로는 공부를 계속하기 어려울 뿐 아니라 성과도 오르지 않는다. 무엇보다 자신감을 가져야 한다.

자신감을 가지려면 작은 성공 사례를 만들어야 한다. 작고 제한된 범위라도 좋으니 어떤 한 분야에서 '이것만은 잘한다'고 내세울 만한 수준까지 가야 한다. 제한된 범위를 영어 공부로 비유한다면 '글의 짜임이나 숙어는 일단 제쳐두고 오로지 단어만 암기하는 데 집중하라'는 말이다. 그래도 범위가 너무 넓다면 한 단계 더 줄여본다. 3년간의 고등학교 교과서 전부를 공부하기 어렵다면 '1학년 부분을 언제까지 다 외우겠다'는 식으로 시도해보라.

이렇게 작은 것이면 된다. 단 하나라도 '이 분야, 이 능력에 대해서는 완벽하게 자신 있다'는 마음을 가져라. 그러면 신기하게도 누구에게도 지지 않을 자신감이 생긴다.

　낮은 산이라도 정상은 정상이다. 정상에 서야 비로소 알게 되는 것들이 있다. 바로 이 같은 자신감을 갖는 일부터 시작해야 한다. 이때 '나는 원래 머리가 나쁘다', '공부는 아무리 열심히 해도 잘 안 된다' 따위의 말은 잠시 잊어도 좋다. 우선은 하나부터 시작한다. 그 하나를 이루면 다른 일에도 응용이 가능하다. 반드시 이뤄진다.

4

공자에게 배우는
겸손한 공부법

공자는 『논어』에서 "아는 것은 안다고 하고 모르는 것은 모른다고 하는 것, 이것이 진정으로 아는 것이다"라고 말했다. 자신이 잘하는 분야를 가진 사람은 그에 관해서 "압니다"라고 대답해라. 반면에 모르는 것에 대해서는 솔직하게 "모릅니다. 가르쳐주십시오"라고 말해야 한다.

한 분야를 확실하게 익히면 자신감이 생긴다. 그러면 모르는 일을 질문하는 걸 부끄러워하거나 주저하지 않는다. 자신이 없으면 겉치레를 하고 모르면서도 아는 척을 한다.

남에게 가르침을 받지 못하면 모처럼 주어진 '알 기회'를 놓쳐버리고 성장하기도 어렵다. 자고로 아는 것과 모르는 것, 그 두 가지의 경계를 안다는 것은 이미 그것에 다가갔다는 뜻이다. 모를 경우에는 어디까지 알고 어디서부터 모르는지조차 모른다. 그래서 능력 있는 사람은 어떤 일에 대해 "여기는 알겠는데 이 앞은 모르겠다. 아마도 거기가 틀린 듯하다"라고 문제의 포인트를 명확하게 지적한다. 일을 할 줄 모르는 사람은 어디가 포인트이며, 자신이 모르는 게 무엇인지조차 감지하지 못한다. 이렇듯 아는지 모르는지 막연하고 애매한 상태가 가장 나쁘다. 자신에게 확신을 갖지 못하게 되고 공부를 계속하는 데에도 불안이 생긴다.

나쁜 상황을 피하려면 모르는 것은 모르니 가르쳐달라고 솔직하게 말해야 한다. 이것이 내가 말하는 질문력의 하나이다. 자기를 성장시키고 싶다면 솔직해져야 한다.

5

추리는 셜록 홈즈만의
전유물이 아니다

뭔가를 배우려면 이해력이 있어야 한다. 이해하기 위해서는 추찰(미루어 생각하며 살핌)하는 힘, 즉 추리력이 중요하다. 추리력이 있어야만 사물의 문맥을 파악할 수 있다. 문맥이란 사물의 연결이자 의미의 연결이다. 이러한 연결 관계는 추찰을 통해 찾아야 명확해진다. 찾는 장소가 잘못되었다면 문맥을 찾기란 불가능하다.

'추리'라고 하면 셜록 홈즈 같은 탐정을 떠올릴지 모르지만 추리는 그렇게 특별한 능력이 아니다. '이것이 이러하니까 아마 다음은 이렇게 되겠지', '이렇게 오겠지'라며 이후에 닥칠 일을 예측하는 것이 추리이다. 두뇌를 단련할 때, 그저 멍하니 지식을 집어넣으려고만 하면 효율이 떨어진다. 차를 운전하면서 '앞 차는 저쪽 교차점에서 돌 것 같다', '이 택시가 갑자기 멈추는 게 아닐까?'라고 추측하듯이 책을 읽거나 남에게 배우면서 앞일을 추리해야 한다.

추리가 익숙해지면 공부는 자연스럽게 진도가 나간다. '이러니까 아마 이렇게 될 것이다'라고 예측했는데 실제로 그 예측이 맞으면 기분이 좋다. 인상에 강하게 남기 때문에 머리에도 쏙쏙 들어온다. 그러면 공부 속도가 빨라진다. 급성장하는 사람은 머릿속으로 항상 추리를 한다.

『논어』에서는 "알고 싶어 번민하지 않으면 얻어지지 않는다"라고 했다. 알고 싶고 깨닫고 싶다고 몸부림칠 정도가 되지 않으면 가르치지 않겠다는 뜻이다.

공자는 사각형을 예로 들어, "네 모퉁이(각) 중 하나의 모퉁이를 가르쳤을 때 나머지 세 모퉁이를 추리하지 않는 자에게는 가르쳐도 의미가 없다"고 했다. 하나를 배워서 셋을 추리하는 것이 진정한 배움의 방법이라고 말한 것이다. 실제로 정말 알고 싶은 생각이 있다면 하지 말라고 해도 '저러할까?', '이러할까?' 하고 궁리하게 된다. 다시 말해 추리력이란 맞추는 능력만을 의미하지 않고, 계속 스스로 질문을 찾고 '이것인가?', '저것인가?' 하고 다음 일을 헤아리는 것을 말한다.

추리력의 최고 달인이 바로 공자의 제자인 안회顔回이다. 안타깝게 요절하는 바람에 기량을 펼칠 시간이 짧았지만, 그는 아주 우수한 사람이었다. 제자 중 한 사람이 공자에게 이렇게 안회를 평했다.

"저는 하나를 들으면 둘밖에 모르지만 안회는 하나를 들으면 열을 압니다."

여기서 그 유명한 "하나를 들으면 열을 안다"라는 말이 나왔다. 그렇게 되기 위해서는 유추적 사고를 가동해야 한다. '이러하니까 여기서도 아마 이리할 것이다'라고 추리하는 능력이 큰 도움이 된다.

추리 능력과 유추 능력을 잘 활용하면 처음 정보를 접하든 어떤 분야를 파고들든 적응을 잘하게 된다. '그러고 보니 그 스포츠 트레이닝 방법론은 학문 연구의 방법에도 적용할 수 있겠는걸?'이라는 생각을 하게 된다. 영역과 상관없이 다른 분야로 점점 이동이 가능하다.

다윈에게 배우는
추리력 단련법

찰스 다윈의 『진화론』도 상당 부분이 왕성한 추리력으로 이루어졌다. 생명은 환경에 적응해서 변화한다는 자연도태와 자연선택의 논리를 제창한 이론이 진화론이다. 당시에는 상당히 획기적인 내용이었기에 엄청난 논쟁을 불러일으켰다.

다윈은 비글호를 타고 갈라파고스 제도로 가서 섬들을 탐색하고 다녔다. 살아 있는 것은 물론이고 무수한 지층과 화석을 관찰하면서 생명의 연결성을 찾아 헤맸다. 그렇게 해서 이른바 미싱 링크 missing link 를 잇는 추리 끝에 '혹시 엄청난 시간이 지나면 돌연변이를 통해 다른 종이 나오지 않을까?'라는 결론을 얻었다. '미세한 차이가 지속적으로 축적된 결과, 절해고도인 갈라파고스 섬 안에서 특이한 생태계를 만들어냈다'라고 추리한 것이다.

그의 진화론은 후대 사람들에 의해 사회진화론이라는 개념을 추리해내는 데에도 쓰였다. 사회를 하나의 생명체로 보고 그곳에도 역시 다윈이 말하는 것과 같은 진화의 메커니즘이 존재한다고 추리했다. 말하자면 하나의 추리가 유추를 점점 확장해 나가고, 그로 인해 이해도가 높아져서 활용 가능한 지식으로 변화한 것이다.

일이든 공부든 무엇인가를 할 때 항상 문맥을 쫓아 그다음을 읽는 습관을 들여야 한다. 반드시 그렇게 하기를 바란다. 그렇게 하지 않으면 아무런 일도 못하게 된다.

예측을 통해 움직이는 것은 머리뿐만이 아니다. 행동으로도 이어진다. 예측하면 조심한다. 조심하지도 준비하지도 않는 사람은 어떤 일에도 대처하지 못한다.

예를 들어 "차를 운전하던 중 옆쪽에서 어린아이가 튀어나오는 바람에 깜짝 놀라서 아이를 칠 뻔했다"라는 말도 조심하지 않은 데 대한 변명일 뿐이다. 사실 세상을 살면서 전혀 예측 불가능한 돌발적 사건은 그리 많지 않다. 대개의 사건은 일어날 만한 상황이나 장소, 타이밍에 일어난다.

중요한 것은 이를 미리 추측하고 조심하는 일이다. '이런 도로에서는 어린아이가 튀어나오지 않을까?'라고 추측하고 속도를 줄이며 대비를 하면 깜짝 놀랄 일은 생기지 않는다. 당황하지 않고 해결될 일이다. 반대로 말하면 깜짝 놀랄 일이 많은 사람은 조심하지 않는 사람, 즉 추리력이 없는 사람이다. 매사에 추리력은 필요하다.

1" />

7

가설을 세우는 것이
모든 개선의 출발점이다

가설력이란 어떤 일이든 일단 가설을 세워두는 능력을 말한다. 두뇌 단련을 위해서는 반드시 가설력을 익혀야 한다. '과학은 부정한 후에 가치가 나온다'는 사실 때문이다. 가설은 부정하기 위해 존재한다 해도 과언이 아니다. 이 말을 증명해줄 만큼 그동안 무수한 가설들이 부정돼 왔다.

일찍이 우주의 법칙을 완벽하게 밝혀냈다고까지 평가받았던 아이작 뉴튼의 만유인력의 법칙조차 나중에 일부 수정되었다. 그 유명한 알버트 아인슈타인의 상대성 이론에 의해서 말이다. 과학이론의 99%가 가설이라고 말하는 책까지 있을 정도이다. 그렇게 생각하면 가설은 100% 맞지 않더라도 그것을 세우는 것만으로도 큰의미를 지닌다.

가설력을 기르면 사물을 잘 통찰할 수 있다. 가령 고심 끝에 다음과 같이 가설을 세웠다고 하자.

"이 작업은 이렇게 하면 좀 더 확실하게 완성하지 않을까?"

"회의에 앞서 메일로 의견을 모으고 그것을 인쇄 자료로 만들어두면 효율적인 논의가 이루어지지 않을까?"

가설을 세운 후 실험을 통해 확인해본다. 예상대로 일이 잘되었고 회의가 효율적으로 진행되었으며 전원의 의사가 잘 전달되어 호평을 받았다는 등의 결과가 나왔다. 그러면 그 결과를 이용해 다시 가설을 세우고 실험을 한다. 가설이 잘못되었다면 조금 다른 방향에서 생각해본다. 잘되었다면 다시 가설과 실험을 통해 개선한다. 도요타 자동차 회사에서 말하는 그 유명한 '개선' 말이다.

개선이란 품질 향상과 비용 절감을 추구하는 방법이다. 해외에서도 개선이란 단어의 일본어인 '카이젠Kaizen'을 그대로 사용할 정도로 유명하다. 개발 업무에 종사하는 사람들에게는 꽤 익숙한 단어이다.

일반적으로 무언가를 개발하는 일은 가설을 세워 실험하고 검증하고 수정하는 작업의 연속이다. 도요타의 자동차 중 하나인 코롤라Corolla에는 엄청난 가설과 검증이 축적돼 있다. 코롤라 1세대는 1966년에 발매되었고 그 후 모델 변경을 반복하면서 2019년 12세대가 되었다. 실로 개선의 결정체인 셈이다.

보통 사람들은 일상생활 속에서 이러한 감각으로 사물을 대하

배움이 습관이 될 때

는 경우가 거의 없다. 세상 사람은 어떤 문제에 봉착했을 때 '이렇지 않을까?'라고 가설을 세울 줄 아는 사람과 그렇지 못한 사람으로 갈라진다.

가설을 세울 줄 모르는 사람은 어떻게 될까? 아마도 최종적으로는 고만고만한 일만 하다가 끝나게 될 것이다. 시키는 일만 하는 탓에 주어진 상황을 뛰어넘는 성장이나 개선은 애초부터 기대할 수 없다. 비용 절감도 제대로 하지 못한다. 가설이 없으니 개선 아이디어가 나오지 않기 때문이다. 비용을 줄이지 못하면 매상을 늘리는 방법밖에 없다. 하지만 매상을 늘릴 아이디어도 가설 없이는 탄생하지 않는다.

어쨌든 가설이 출발점이다. '이건 이렇게 하면 이렇게 되지 않을까?'라고 생각하고 실험해보는 발상이 필요하다. 그렇지 못한 사람은 눈앞에 떨어진 이익만으로 살아가야 한다. 얼핏 보면 일은 잘 처리하는 듯하지만 결국 회사에 종속된 존재로 그친다. 그래도 상관없다고 생각한다면 성장 또한 어렵다.

일뿐만 아니라 스포츠나 공부에서도 마찬가지이다. 어떤 일에 대해서든 가설의 씨앗은 무한히 존재한다. 공부가 힘들다고 느껴질 때 자신에게 채찍질을 가하는 것도 필요하지만 '이렇게 하면 즐거워질까?', '저렇게 하면 재미있을까?', '덜 지루하게 하는 방법은 뭘까?' 하고 궁리하고 가설을 세워보는 것이 중요하다. 재미없는 일을 받았다고 "이런 일은 의욕이 나지 않아"라고 불평만 하면 더 재미없어진다. '어떻게 하면 재미있어질까?', '이 일은 이렇게 하면 가치가 올라가지 않을까?'라고 가설을 만들어보라. 이를 얼마나 잘하는지가 가설력이다.

헤이안 시대(794-1185)에는 사람을 괴롭히는 귀신이 나타나면 "훠이, 훠이, 물러가라"라며 굿을 하거나 주문을 외는 일이 고작이었다. 그 이상으로 사고가 발진하지 못했다. 두렵다는 생각이 드는 순간, 상황을 수동적으로 받아들이기만 할 뿐 두뇌 회전이 멈춘 것이다. 그러나 지금, 21세기를 사는 사람들은 이제 매사에 과학적인 가설을 세울 줄 안다. 당연히 '귀신은 그저 마음이 만들어낸 환영이 아닐까?'라고 생각하는 시대이다.

지금까지 주어진 대로 멍하니 일이나 공부를 해온 사람은 자신의 모든 활동에 대해 가설을 세우는 습관을 들여야 할 것이다.

배움이 습관이 될 때

8

스케줄 수첩으로
성장을 확인하라

가설은 어떤 일에 대한 깨달음에서 시작된다. '이거 참 재미없는 일이군'이라는 깨달음이 있어야 비로소 '그럼 이렇게 하면 어떨까?'라고 생각하게 된다. 경구를 빗대서 말하자면 "깨달음은 가설의 어머니"이다.

비즈니스 현장에서는 종종 "손님들의 불만 사항을 비난이라고 생각해서는 안 된다. 불만에 감사하라"라는 말을 듣는다. 대개 그 의도하는 바는 다음과 같다.

- 손님이 뭔가 불만을 말할 때는 아무리 생트집 같은 내용이라도 반드시 그 안에 매상을 개선시킬 중요한 힌트와 깨달음의 씨앗이 들어 있다.
- 공짜로 배우는 귀중한 기회이므로 귀찮다고 생각하지 말고 고맙게 경

청해야 한다.

손님이 직접 가설의 씨앗을 가르쳐준다면 보다 더 효율적이다. 이런 마음가짐으로 위기를 극복해 실적을 올리는 가게나 기업도 적지 않다. 반면 아무것도 깨닫지 못하는 사람에게는 당연히 성장도 없다.

날짜별로 칸이 나누어진 스케줄 수첩을 준비하자. 위에서부터 아래로 매일의 공간이 배열된 타입이라면 오른쪽 끝부분에 '깨달음'이라는 칸을 만든다. 그곳에 뭔가 깨달은 사항을 적는다. '일하면서 이런 문제가 있었다', '최근에 비슷한 경우가 많았다', '조작 순서는 틀리지 않은 것 같은데' 이런 식이다.

나는 깨달음 항목을 3색 볼펜 중 녹색으로 쓴다. 앞에서 말한 바와 같이 나는 재미있는 일, 흥미를 유발하는 일은 녹색으로 쓰기로 정해두었다. 요컨대 다른 것과 구별하기 쉽고 한눈에 보이게 만든다. 아니면 느낌만을 위한 페이지를 따로 준비해 써도 된다. 중요한 것은 다음의 두 가지이다.

1. 특정한 칸을 준비할 것
2. 정해진 색으로 쓸 것

이렇게 하면 큰 흐름을 파악하기 쉽다. '이 날은 깨달은 바가 있었다. 이 날은 없었다. 이 날은 두 개 있었다', '최근에는 아무것도 느끼지 못하는 날이 계속되었다' 등이 한눈에 보인다. 이것이 시각화의 장점이다. 이렇듯 체크를 계속하다 보면 깨달음은 반드시 늘어간다. 깨닫고자 하는 의식이 생김으로써 클라인의 항아리(뫼비우스의 띠와 같이 바깥쪽과 안쪽을 구별할 수 없는 2차원 곡면의 일종)처럼 눈에 보이지 않던 것이 한눈에 들어온다. 남의 기분이나 표정에도 민감해지고 주의가 깊어진다.

마음은 보이는 것이 아니라서 표정이나 몸짓을 통해 읽을 수밖에 없다. 사람의 표정은 상당히 복잡하고 정밀하다. 하지만 훈련을 거듭하면 상대의 표정이 조금만 변해도 '진지하게 듣고 있군', '아무래도 내 이야기를 건성으로 듣는 것 같은데' 하고 감을 잡게 된다. 이를 감지할 줄 알게 되면 상황에 따라 대응하는 능력이 생긴다.

감이 없는 사람은 다른 사람의 마음을 읽어내지 못한다. 사람은 심리에 따라 큰 소리를 내거나 목소리를 낮추거나 아니면 말이 빨라지는 등 말하는 방법도 바뀐다.

만약 상대의 마음을 파악하지 못하면 그야말로 분위기를 잘못 이해해 실패가 반복된다. 분위기를 읽는다는 것은 논리적인 일이 아니라서 피부로 느껴야 한다. 이를테면 "알겠습니다. 그렇게 합시다"라고 상대가 대답했을 때 그것을 항상 곧이곧대로만 받아들여서는 안 된다. 만일 이렇게 말하는 상대의 얼굴에 불만의 기색이 떠오른다면 어떻게 받아들일 텐가? 사실은 귀찮아서 빨리 이야기를 끝내려고 입에 발린 말로 적당히 동의한 것인지도 모른다. 말만 가지고는 모른다.

상대의 감정에 둔한 사람은 주변에서 '저 사람과는 일하기 힘들다'라는 평을 듣는다. 동료, 상사에게 소외당하고 근무 평가에도 나쁜 영향을 끼친다. 회사는 모든 것을 간파하고 있다.

8 장

공부하는 사람은
대화가 다르다

기분이 좋으면
공부 효과도 좋다

'공부'라고 하면 아무래도 '할 일'이나 '강제'라는 이미지가 있다. 학창 시절 시험공부, 자격증을 따기 위한 공부, 업무에 필요한 어학이나 지식 습득 등 전부 정해진 기간 안에 성과를 내야 하는 것들이다. 경우에 따라서는 재미있고 신나는 공부가 있기도 하다. 하지만 대부분의 경우 '이런 걸 공부해서 무슨 의미가 있나' 하고 생각하면서도 수도승처럼 재미와 욕망을 끊고 공부한다.

예컨대 자기 회사가 어느 날 갑자기 외자 유치를 받아 다음 달부터는 사내에서 영어만 써야 하는 상황이라고 하자. 이를 의무적으로 따라야지 준비할 시간을 더 달라고 청할 수 없다. 무조건 하라는 대로 해야 한다. 말 그대로 강하게 강요하는 셈이다. 이런 공부는 기본적으로 의무감에서 벗어날 수 없다.

반면 교양은 조금 다르다. 뭔가를 위해 배운다기보다 스스로 자연스럽게 배워 나간다. 교양에서는 공부의 결과나 눈앞의 실리적인 성과가 그다지 문제되지 않는다. 배움으로써 내면이 풍요로워지는 데에 더 큰 가치가 있다. 배우는 행위 자체가 교양이기도 하다.

예컨대 자신을 풍요롭게 만들기 위해 교양으로 영어 회화를 익히는 경우이다. 영어 회화를 배우는 시간 자체가 즐겁다고 느끼면서 공부에 몰두한 결과, 영어를 자유자재로 말하게 되었다고 하자. 이는 이상적으로 교양을 익히는 방법이다. 조바심이 없는 이상적인 배움이다.

그럼 어떻게 공부를 즐기면서 할 수 있을까? 공부할 때 '기분 좋은 것'을 찾아라. 외국어 공부를 할 때는 찻집이나 카페 등의 테이블에 둘러앉아 외국인 선생님에게서 레슨을 받는다. 늘 있던 장소와 대하는 사람이 달라지니 기분 전환이 된다면 그것이 고스란히 공부의 즐거움이 된다. 행위 자체가 교양이 되는 것이다. 나도 카페에서 레슨을 받은 적이 있는데 가르치는 사람이나 가르침을 받는 사람이나 서로 친구 같은 느낌이 들어서 아주 좋았다.

카페에서 공부하는 느낌이 너무 좋아서 『15분이 쓸모 있어지는 카페 전략』이라는 책까지 냈을 정도이다. 카페에서 공부나 업무를 하는 코피스족Coffee+Office이라는 신조어가 생길 만큼 카페는 학생들과 직장인들로부터 이미 많은 사랑을 받고 있다. 이 점에 착안해 왜 많은 사람이 카페에서 일하는 것을 선호하는지, 카페는 공부하

배움이 습관이 될 때

기 좋은 장소인지, 카페에서 일하면 어떤 장점이 있는지 등을 연구해 카페를 자기계발에 200% 활용할 수 있는 비법을 정리해 담은 책이다.

다시 외국어 이야기로 돌아가자면, 영어 단어를 공부할 때에도 유쾌함이 있으면 효율적이다. 모든 외국어에는 특유의 리듬이 있어서 모국어로 말할 때와는 다른 쾌감이 있다. 이 점이 재미있고 기분 좋다면 이제 의무감으로 하는 공부에서 해방이다. 외국어마다 유머 감각도 달라서 모국어에 없는 표현이 의외로 많다. 말 그 자체에 재미와 유쾌함이 존재한다.

책을 읽다가 재미있는 부분을 접하면 낭독, 즉 소리 내어 읽는 것이 좋다. 눈으로만 읽으면 속도야 빠르겠지만 어차피 모국어로 읽는 속도에 비하면 낭독이든 묵독이든 느리기는 마찬가지이다. 대개는 빨리 읽지 못한다. 그렇다면 차라리 낭독해서 소리로도 즐기자는 말이다. 그렇게 하면 단순히 외국어를 말한다는 것만으로도 쾌감이 있다. 황홀까지는 아니어도 외국어로 말하는 자신의 모습이 유쾌하게 머릿속에 떠오른다.

물론 그렇게 한다고 해서 당장 무엇을 얻는 것은 아니다. 하지만 결과적으로 공부가 의무나 고행이 아닌 교양에 가까워진다. 그러면 공부는 교양을 익히기 위한 도구로 바뀐다. 공부란 원래 목적이 있는 것도 고행을 위한 것도 아니다. 공부는 교양을 만드는 수단이다.

2

암기력은
교양까지 상승시킨다

'교양 있다'는 말은 무슨 뜻일까? 어떤 가치관과 기준으로 결정될까? 내가 생각하는 교양 있는 사람이란 '능숙하게 인용할 줄 아는 능력을 가진 사람'이다. 다양한 지식을 가졌다고 해서 교양인은 아니다. 전문지식이나 다른 지식도 많이 가졌으나 교양이 없는 사람도 많다. 단도직입적으로 말하면 자신의 지식을 대화 흐름이나 상대에게 알맞고 흥미로운 형태로 인용할 줄 아는 사람이 교양 있는 사람이다.

지식은 양도 중요하지만 사용 방법이 더 중요하다. 자신이 가진 온갖 지식을 과시하고 말참견하려 들며 거드름을 피우는 사람은 혐오의 대상이 된다. 지식이 많다고 해서 아는 것을 일방적으로 말하는 사람은 단순한 마니아에 지나지 않는다.

마니아끼리는 마음 내키는 대로 이야기해도 상관없다. 하지만 일반적인 대화를 나누기 위해서는 자신이 가진 지식을 그대로 드러내서는 안 된다. 대화의 흐름에 맞춰 알기 쉽게 설명하고 재구성하는 능력이 있어야 한다. 진정한 교양인이란 눈앞에 있는 상대를 위해 맞춤형 정보를 제공할 줄 아는 사람이다.

예를 들면 친구와 이야기하다가 "요즘은 공기가 깨끗해서 별이 잘 보여. 참 멋있어. 항상 별을 보면 즐거워"라는 이야기가 나왔다고 하자.

"지금 보이는 별빛은 몇 광년이나 걸려 지구에 도달하는 거야."

이 같은 인용은 너무 평범하다. 그러나 나쁘지는 않다. 별에서 우주를 연상해서 자신이 아는 지식 중 관련된 내용을 말했다. 누구라도 알고 싶어 할 만큼 흥미진진한 내용이다.

그러나 너무 이과적이고 전문적인 우주론을 피력하면 지식을 과시하는 것밖에 되지 않는다. 진정한 교양인이라면 자신의 지식을 보다 폭넓게 활용해야 한다.

예를 들자면 이런 이야기가 있다. 이탈리아 작가 이탈로 칼비노가 쓴 『우주만화 Le Cosmicomiche』라는 단편집이 있는데, 우주가 시작될 때부터 살았다는 노인이 화자로 등장한다. 이 작품은 SF소설은 아니지만, 기상천외하고 환상적인 우주 이야기를 전개해 나간다. 빅뱅부터 달에 대한 것까지 다채로운 내용이 펼쳐진다.

빅뱅이나 우주의 시작이 화제가 되었을 때 이 책을 소개하는 식으로 이야기와 결부하는 방법도 있을 것이다. "그러고 보니 얼마 전에 읽은 책에서…"라며 대화를 이어가는 것이다. 이과적인 내용으로 시작했으면서도 자유자재로 화제를 문과의 영역으로까지 확장한다면 듣는 사람은 감탄하게 된다. 장르의 벽을 뛰어넘어 한데 어우러진 배경을 가진 대화가 바로 교양인의 대화이다.

그러려면 책을 읽고 내용을 외울 정도여야 한다. 전문을 다 외우지는 못해도 마음에 드는 부분만이라도 노트에 적어두고 가끔 펼쳐보면서 암기해보자. 그러면 평소의 대화에서도 자연스럽게 인용할 수 있다. 교양이란 암기하는 것이라 해도 과언이 아니다. 아무리 공부를 많이 하고 지식이 많다 해도 이를 대화에서 살리지 못한다년 엄청난 손혜이다.

3

여러 개의 서랍을 가진
교양인이 되는 법

매력 있는 대화란 재미있는 대화이다. 교양 있는 사람은 열어서 보여줄 만한 서랍을 여러 개 지니고 있다가 언제라도 상대의 흥미, 화제, 대화 흐름에 따라 알맞은 내용을 꺼낸다. 그럼 상대는 대화하는 게 재미있어져서 그 사람을 매력적이라고 느낀다. 대화 흐름에는 상대의 흥미가 결부돼 있다. 흥미와 대화 흐름에 걸맞은 서랍을 열면 된다. 화제가 풍부해지고 이야기 깊이도 깊어지므로 '언제나 저 사람 이야기는 재미있다', '저 사람은 굉장히 박식하고 대단한 사람이다' 하고 감탄하게 된다.

하지만 별에 대해 깊이 안다고 해서, 밤하늘의 별을 보고 아련한 기분에 젖어 있는 상대에게 최신 우주 이론을 줄줄이 설명한다면 어떨까? 절대 환영받지 못할 것이다. "조용히 좀 해!"라며 훼방

꾼 취급을 받을 게 뻔하다.

첫 데이트 때, 상대의 흥미 같은 건 아랑곳하지 않고 본인이 자신 있는 분야에 대해 장장 세 시간이나 열변을 토했다면 어떨까? 상대는 분명 '자기가 하고 싶은 말만 하는 독선적인 사람이네'라고 생각할 것이다.

누구라도 자신의 흥미와 관계없는 이야기를 들으면 따분하기 마련이다. 그런 상대와 사귀어봐야 지루할 뿐이다. 남녀 관계는 복잡 미묘해서 개중에는 그런 점에 반하는 별난 사람이 있을지 모르겠다. 하지만 대부분은 첫 데이트 때 상대의 흥미를 생각하지 않고 자신이 하고 싶은 말만 하는 건 문제가 있다. 당연히 두 번째 데이트는 없을 것이다.

'알고 있으니까 말한다'는 자세는 "아아! 내 말 좀 들어봐"라며 자기 내키는 대로 떠들어대는 아이들 대화와 다를 바가 없다. 이런 대화는 두뇌 단련과 거리가 멀다.

'이 대화에는 이 내용이 최적'이라는 취사선택이 필요하다. 적재적소에서 지식을 내보인다면 아무리 과시를 했어도 '이야기가 지겹도록 장황하다', '독선적인 사람이다'라는 말은 듣지 않는다. 탁월하게 취사선택하느냐 그렇지 못하느냐의 차이가 평가를 가르는 기준이 된다.

4

두뇌를 사용하는
4가지 유형

독선적이라는 평가는 아둔하다는 뜻이기도 하다. 대화에 탄력이 붙지 않는 상대, 관계없는 대화를 계속 이어가는 상대를 보면 사람들은 자기도 모르게 '이 사람은 아둔한 게 아닐까?'라고 생각한다. 지식은 있어도 '머리가 나쁘다'고 인식한다.

상대와의 교감이 없는 사람은 다른 사람의 흥미에 관심이 없다. 자신의 기분이 좋은지 나쁜지에만 초점이 맞춰져 있다. 그래서 조금 흥미 있는 지식을 펼쳐 보일 기회가 생기면 상대방은 아랑곳하지 않고 주절주절 자신의 이야기를 떠들어댄다. 상대방과 의미 있는 대화를 나누는 게 아니라 그저 자신이 하고 싶은 이야기를 할 뿐이다. 혼자만의 기분에 초점이 맞춰져 있기 때문이다.

지식의 있고 없음, 머리의 좋고 나쁨을 다음과 같은 그림으로 정리해보았다.

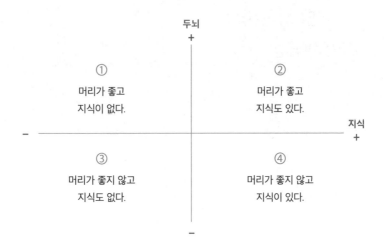

'②머리가 좋고 지식도 있다'와 '③머리가 좋지 않고 지식도 없다'는 둘 다 금방 이해가 된다. 그럴 것 같다. 반면에 '①머리가 좋고 지식이 없는' 사람이 있다. 이런 사람은 그래도 상대방 입장에서는 사귀기 쉽다. 어떤 의미에서 가장 나쁜 쪽은 ④이다.

지식은 있는데 머리가 나쁜 사람은 대개 '자신은 머리가 좋다'고 착각한다. 사물을 객관적으로 보지 못하고 머리가 딱딱하게 굳어서 대화든 뭐든 상대방한테 맞추지 못한다. 융통성이 없어서 몹시 성가신 존재이다. 게다가 이런 유형은 반성할 줄도 모른다. 대단한 인물도 아니면서 독선적이다. 지식이 있어도 이를 잘 활용할 줄 아는 지혜가 없다.

배움이 습관이 될 때

오히려 ①처럼 지식은 없어도 머리가 좋은 유형이 훨씬 낫다. 머리가 좋다는 말은 지혜가 있다는 뜻이다. 지식은 얼마든지 채워 넣으면 된다.

지식은 많지만, 머리가 나쁜 사람은 상대가 원하는 서랍이 아니라 자신이 좋아하는 서랍만 연다. 물론 서랍 안의 내용을 늘리는 노력도 필요하다. 그전에 다른 사람과 발전적으로 대화를 주고받도록 상대의 흥미에 초점을 맞추고 유연하게 선택할 줄 알아야 한다.

언제라도 매력적인 대화를 이끌어가려면 의식적으로 단련해야 한다. '머리가 나쁜 사람'이라는 소리를 듣고 싶지 않으면 이는 필수 사항이다.

5

다른 사람의
자극에 민감해져라

상대방의 흥미와 관련된 대화를 지혜롭게 할 술 알면 자연히 상대방은 '저 사람이 말한 영화를 봐야겠다', '이야기하다 나온 그 책을 읽어봐야겠다'라고 생각한다. 그렇게 되면 서로 창조적인 관계가 된다.

한번 생각해보라. '나는 상대방에게 창조적인 존재일까?' 이 질문을 하는 이유가 여자는 항상 남자가 자신에게 창조적인 존재이기를 강하게 원하기 때문이다.

'이 사람은 나에게 어떤 자극을 줄까?'

내가 보기에 여성들은 항상 이런 눈으로 남성을 바라보는 듯하다. 연애관을 말할 때 여성들은 종종 '나를 성장시켜 주는 사람과 사귀고 싶다'라거나 '교제를 통해 서로가 발전하면 좋겠다'고 말한다. 이를 두고 여성은 연애에서도 실리를 원한다고 하면 좀 지나칠지 모르겠지만, 여성들은 자신에게 생산적이고 자극을 주는 사람과 관계를 맺고 싶어 하는 성향이 강하다.

하지만 남성은 여성에게 그렇게까지는 바라지 않는다. 요즘 세상에 설마 얌전하고 정숙하고 요리 잘하고, 항상 자신을 받들어주며 공손하게 무릎 꿇고 앉아 자신이 오기만을 기다려주는 여성이 이상형이라고 말하는 사람이야 없겠지만, 세상의 대다수 남성은 여성과의 창조적인 관계를 크게 원하지 않는다. 자극이 적은 관계만으로도 만족하지 않을까?

현실적으로 내가 보기에는 남성과 교제한 후 성장했다고 생각하는 쪽은 여성이 대부분이다. 이별 후 "지금까지 정말 고마웠어" 하고 성숙한 모습을 보이며 미소 짓는 쪽은 대개 여성들이다.

여성들은 교제를 통해 취미가 확장되고 교양을 익혀 자신을 풍요롭게 만들 줄 아는 사고 구조를 가졌다. 사귀는 남자가 마침 재즈 팬이었다고 하자. '재즈를 좋아하는 그'의 재즈라는 정체성에서 영향을 받아 여성은 지금까지 접하지 못했던 음악을 경험한다. 여성은 남성에 비해 아이덴티티, 즉 자신의 정체성에 유연성을 갖는다. 상대와 관계를 맺으면서 자신의 정체성이 좋은 쪽으로 변화해가는 모습을 즐길 줄 안다는 뜻이다. 그것은 상대에게 영합하는 것이 아니다. 그와 함께 있음으로써 자신의 정체성에 변화가 생겨, 그녀도 '재즈에 흥미를 느끼는 나'가 된다. 상대로부터 받은 자극을 솔직하게 받아들임으로써 즐거움을 알아간다.

물론 남자라고 원래 가지고 있던 정체성에만 매달리는 것은 아니다. 예를 들어, 사귀는 여성이 달콤한 케이크를 찾아다니며 먹는 취미를 가졌다면 그녀와 함께 그 즐거움을 누리면 된다.

창조적인 관계라는 것은 특별히 근엄한 얼굴로 예술을 이야기하는 것만은 아니다. 서로 자극을 주고받으며 정체성을 좋은 쪽으로 바꿔 나가고 거기에서 새로운 즐거움을 알게 되고, 나아가 자기 공부로 이어지는 것을 말한다. 이렇듯 연인과의 교제 방법도 진정한 공부와 두뇌 단련으로 이어질 수 있다.

9 장

한정된 시간을
여유롭게 쓰는 법

1

뭉그적거릴
자유 시간을 확보하라

신은 인간에게 공평할까? 아무리 논의해도 결론이 나지 않는 질문이다. 인간의 자원인 재능은 누구에게나 공평하게 주어졌다고 답하기 어렵다. 하지만 누구에게나 시간만큼은 공평하고 평등하게 주어졌다.

나는 최소한 6~7시간 잠을 자야 다음 날 지장이 없다. 그런데 4~5시간만 자도 충분히 생활이 가능한 사람이 있다. 그런 사람을 보면 부럽다. 4~5시간만 자고도 끄떡없다면 하루를 19~20시간이나 쓰는 셈이다. 이 부분은 정신력이라기보다 체질의 문제가 아닐까 싶다.

그래도 수면을 줄일 생각은 없다. 여전히 수면을 위한 시간은 확보해둔다. 잠을 자지 않으면 하루를 견디기 어렵고 잠을 자는 시간도 나름의 즐거움인 까닭이다.

완벽한 컨디션을 만드는 것이 두뇌에 좋음은 두말할 나위가 없다. 몸과 마음은 하나의 틀을 이뤄 서로 연결돼 있기 때문이다. 신체 감각은 곧 마음과도 연결되기 때문에 나는 수면시간이 아깝지 않다.

어쨌든 시간은 참으로 평등하게 주어진 자원임에는 변함이 없다. 중요한 것은 사용 방법이다. 수면이 필요하다면 그만큼 남은 시간을 잘 컨트롤해서 효과적으로 쓰려고 노력해야 한다.

그렇다고 단 1분도 빈틈없이 시간을 배분하는 것은 좋지 않다. 오히려 매일 차분하게 지내는 시간을 다섯 시간 정도 가져야 한다. 그 대신 다른 여러 가지 일이나 작업은 가능한 한 능숙한 솜씨로 신속하게 처리하려고 애를 쓴다. 만일 두 시간 분량의 작업이 있을 때 한 시간 만에 끝내면 나머지 한 시간이 남는다. 이를 위해 조금 힘들더라도 일을 빨리 끝낸다.

그렇게 공들여 만든 시간을 특별하게 사용하는 방법이 있는 것은 아니다. 뭉그적거리며 카페에서 커피를 마시면서 시간을 보낸다. 이것이 줄곧 고수하는 나만의 방식이다. 이렇게 하면 정신건강에 좋다.

필사적으로 작업에 몰두하는 것도 기분이 좋다. 오히려 두 시간에 걸쳐 느긋하게 일할 때보다 스트레스를 덜 받는다. 퍼즐을 딱딱 끼워 나가는 듯한 쾌감마저 들어서 이를 즐긴다.

'느긋하더라도 지치지만 않으면 상책'이라고 생각하지 않는다. 너무 피곤해도 안 되겠지만 중요한 것은 상쾌함이다. 나 같은 경우에는 효율적으로 일을 하면 기분이 좋아진다. 그만큼 열심히 일하게 되니 육체적인 피로는 느끼지만 기분 좋게 피곤을 즐기게 된다. 질질 끌면서 일을 하면 이 같은 상쾌함은 얻지 못한다. 피곤하지 않도록 일하자거나 피곤한 건 싫다는 생각에 얽매이면 오히려 더 힘이 든다. 어차피 피곤할 바에는 '상쾌하면서도 의미 있는 피곤함'을 느끼고 싶다.

이런 상쾌한 피곤함을 느낄 때가 바로 '시간을 효율적으로 사용했을 때'이다. 시간을 낭비 없이 잘 사용하면 '이 시간에 이만큼이나 잘했구나' 하고 감동한다. 끝마친 일의 내용은 말할 것도 없거니와 능숙하게 시간을 사용했다는 기쁨이 있다.

언젠가 교수 회의에서 보기 드문 일이 있었다. 회의가 끝난 순간, 출석한 사람들이 일제히 박수를 쳤다. 회의가 짧은 시간 내에 끝났기 때문이다. 평소의 교수 회의는 대개 세 시간쯤 걸렸다. 그런데 새로 부임한 학과장은 의사진행이 원활하고 빨랐다. 겨우 한 시간 만에 회의가 끝나자 모두 "우와!" 하고 감탄했다. 박수를 치는 것이 교수 회의에서는 흔치 않은 일인데 그 이유가 짧은 시간에 끝났기 때문이라니, 처음 겪는 경험이었다. 분명 모두 상쾌함을 온몸으로 느꼈을 것이다.

시간은 매우 귀중하다는 인식을 모두가 가졌으면 좋겠다. 특히 다른 사람과 공동 작업을 할 때에는 시간을 잘 사용하도록 노력해야 한다.

2

시간을 경제관념으로
계산하라

일반적으로 회사의 시간관념에 대해 언급할 때 지각에는 매우 엄격하면서도 그 밖의 것에는 상당히 관대하다. 한 시간이면 끝날 회의나 사전 미팅을 두 시간이나 질질 끄는 등 필요 이상으로 시간을 낭비한다. 효율적으로 회의하지 못할 바에야 아예 하지 않는 편이 낫다는 생각이 들 때도 있다. 쓸데없이 만나 시간을 낭비하면서 지각에 대해서만은 까다롭게 구는 것은 어쩐지 앞뒤가 맞지 않는다.

사실 나는 다른 사람에게 무언가를 강요하는 것이 싫다. 그래서 잘하는 건지 못하는 건지는 모르겠지만 업무 관련 회의나 사전 미팅을 하지 않는다. 요즘은 이메일로 생각이나 요청 사항을 써서 보내고, 답을 주고받으면 그것으로 충분히 사전 미팅을 대신할 수 있다. 그래서 막상 얼굴을 마주 대할 때에는 이미 이견이 꽤 좁혀진 상태여서 회의가 잘 이루어진다.

사람들과 얼굴을 마주하는 것도 분명 의미 있는 일이다. 만나서 친분을 가지면 업무도 부드럽게 진행된다. 그러나 사전 미팅이란 일을 진행시키기 위한 수단이다. 일은 결과를 내는 것이 가장 중요하다. 실제로 사전 미팅을 하러 나가보면 단순히 눈도장을 찍거나 인사만 하고 끝나는 경우가 흔하다.

정말 필요한 경우가 아니면 사람과 만나는 일은 생략하면 어떨까? 스포츠로 말하자면 그라운드에 나가자마자 바로 훈련을 시작하는 것이다. 훈련 프로그램만 제대로 만들어져 있다면 허투루 시간을 낭비하지 않게 된다. 장황하게 인사나 설교를 듣기보다는 바로 행동으로 옮기면 된다.

나는 학창 시절에 테니스부에서 활동하면서 오랫동안 훈련 프로그램을 짜는 일을 했다. 그런 일에 제법 재주도 있었고 어떤 프로그램으로 연습하느냐에 따라 결과가 다르게 나타나는 것이 재미있었다. '지금까지 훈련 A를 계속 답습해 왔으나 실은 별로 효과가 없었다. 이 기술을 위해서는 훈련 B를 해보자. 이를 몇 분간 하자. 다음에는 훈련 C를 하자. 이를 몇 분간 한 후에는…' 하고 여러 가지를 고려해 프로그램을 짰다. 한 그룹이 근육 트레이닝을 하는 사이에 다른 그룹에는 달리기를 시키는 등 한정된 설비와 시설을 이리저리 나누어 활용하며 쓸데없는 대기 시간이 없도록 했고 항상 결과와 효과를 신경 썼다.

1학년에게는 으레 하는 공 줍기를 시키지 않았다. 가장 서툰 이들이 공 줍기만 하다가는 실력이 더 늘지 않을 게 뻔했다. 전원이 줍는 게 빠르다며 공 줍기만 하던 1학년에게 스윙 훈련을 시켰다. 합리적으로 생각했으니 당연히 좋은 결과가 나왔다.

훈련 프로그램을 만들 때에는 고려해야 할 사항이 많다. 한 사람 한 사람의 능력과 상태, 그날의 날씨와 환경 등을 종합해 정해야 해서 심오한 구석이 있다. 그중에서도 가장 중요하게 생각해야 할 요소는 바로 시간이다. 짧은 시간 안에 효율적으로 훈련할 수 있도록 분당 혹은 초당으로 메뉴를 짠다. 결과적으로 시간 사용법에 대한 내 경제관념은 상당히 냉엄해졌다.

3

시간 도둑을 절대
허용하지 마라

시간에 대한 내 경제관념으로는 시간 배분에 대해 느슨한 사람
이 많아 보인다. 스포츠 훈련이나 회사 일에서도 무심코 시간을 낭
비한다. 단언컨대 아무리 중요한 이야기라도 1분이면 전달이 가능
하다. 길어도 2~3분이면 끝난다. 그 이상을 넘어 계속 떠든다면 듣
는 사람이 귀찮아한다. 그런데 대부분의 사람은 그 사실을 깨닫지
못하고 눈치 없이 긴 시간을 낭비한다. 만일 자신이 몇 분, 몇 시간
을 헛되이 버리고 있음을 알게 되면 '이렇게 긴 시간을 떠들었나?'
라며 놀랄 것이다.

쓸데없는 말을 장황하게 하는 사람을 대할 때면 가끔 '다른 사
람에게 자유로운 시간을 주지 않으려는 계략인가?'라는 생각마저
든다. 쓸데없는 이야기를 늘어놓는 사람의 머릿속이 어떨까 상상해

보면 이런 망상까지 떠오른다.

'내 이야기가 빨리 끝나면 이 녀석은 데이트 갈 테지? 남 잘되는 꼴을 보느니 차라리 계속 회의를 지연시켜야겠다. 회의가 밤 9시까지 이어지면 데이트는 취소되겠지, 히히히.'

나쁜 마음이라도 품었나 의심할 만큼 상대방까지 시간 낭비하게 하는 사람이 많다. 업무든 뭐든 얼마든지 빨리 끝낼 일인데도 빨리하는 것 자체가 잘못이라고 여기는 사람도 있다.

일이 별로 빡빡하지 않은 대신에 오후 5시까지 자리에 앉아 있어야 하는 직장이라고 하자. 3시에 일을 끝내면 두 시간의 짬이 생긴다. 이때 '같은 월급을 받으면서 더 많은 일을 하기도 싫고, 일없이 두 시간이나 노는 듯한 인상을 주기도 싫다. 시간 내내 뭉그적대며 일을 지연시키는 것이 상책'이라고 생각할 수 있다. 그래서 어떻게 하면 5시에 맞춰서 일을 끝낼까를 연구하는 직원들도 분명 존재하리라. 잘만 유지된다면야 나쁘지 않다. 직원들의 자율성을 존중하는 분위기라서 용납이 될지도 모른다. 하지만 점점 그렇게 해서는 살아남기 힘든 세상이 되리라.

컴퓨터가 발달해서 효율성이 좋아졌으니 업무가 줄어들 것 같지만 의외로 업무는 오히려 더 늘어났다. 1인당 업무량 자체가 증가했다. 그렇다면 내 방식의 느긋한 시간을 확보하기 위해서라도 더욱더 시간을 쓸데없이 사용하지 말아야 한다.

4

일상 생활에
스톱워치를 활용하라

시간 관리에 대해 말하고 있지만, 성공을 위해 맹렬히 일만 하라는 것도, 수면시간을 단축해서라도 일하는 시간을 늘리라는 것도 아니다. 시간을 효율적으로 써서 자유롭게 활용할 시간을 남기라는 이야기이다.

그러려면 시간을 질질 끌어서는 안 된다. 시간을 구분해서 기록해야 한다. 다이어트를 할 때 체중을 기록해 상황을 체크하는 것과 마찬가지로 스톱워치로 시간을 나누고 기록하는 것이다. 나는 이를 '레코딩 다이어트' 혹은 '스톱워치 다이어트'라고 부른다. 요컨대 '시간 다이어트'를 하는 것이다.

지금 하는 작업에 시간을 얼마나 썼는지 전부 스톱워치로 기록한다. 사전 미팅이든 회의든 또는 평소 사무실이든 상관없다. 스톱워치를 손에 들고 모든 시간을 재보자. 평소 일할 때 스톱워치를 쓰는 사람은 천 명 중 한 명도 없다. 대개는 생각조차 한 적이 없을 것이다. 그러나 스포츠의 세계에서 스톱워치 사용은 상식이다. 이는 지극히 객관적인 척도로서 모든 분야에 쓸모가 있다. 효과는 확실하다.

회의를 예로 들어보지. 회의가 끝났을 때 "오늘 회의는 2시간 40분 걸렸습니다"라고 회의에 소요된 시간을 알린다. 전원이 인식하도록 기록만 하지 말고 입으로 말한다. 이렇게 하면 우선 쓸데없는 이야기가 줄어들고 회의 시간이 짧아진다. 나는 실제로 출석자에게 "오늘은 몇 시간이 걸렸습니다"라고 발표한 경우도 있다. 분위기는 나빠질지 모르지만, 속도는 확실히 빨라진다.

그렇다고 무슨 일에든 스톱워치를 꺼내 들고 시간을 재며 효율을 높이겠다고 하면 비인간적이고 시간에 쫓기는 사람처럼 보일 수 있다. 화장실 갈 시간까지 줄이면 주객이 전도된 것이다. 시간 다이어트가 추구하는 것은 이익 지상주의가 아니다. 오히려 인간적인 시간, 의미 있는 시간을 확보하기 위해 낭비를 없애자는 의도이다. 이를 위해서 스톱워치로 확인하자는 것이다.

바꿔 말하면 업무의 밀도를 확인해야 한다. 다음 수식에 대입해 정확한 밀도를 알려면 역시 스톱워치라는 도구가 필요하다.

밀도 = 업무량 ÷ 시간

회의할 때 한 사람은 스톱워치를 들고 시간 측정을 전담해서 누군가 발언이 시작되면 버튼을 누르고 이야기가 끝나면 다시 누른다. 그러면 누가 장황하게 발언하는지 분명해진다. 시간 체크가 압력으로 작용해 말하는 내용의 밀도가 확실히 높아진다. 그렇다고 미움받을 걱정은 하지 않아도 된다. 말을 많이 하던 당사자만 싫어할 것이다. 장황한 이야기나 늘어지는 회의에 진저리를 치는 사람이 대부분이었을 테니 아마 다들 대환영할 것이다.

장기를 둘 때처럼 커다란 스톱워치를 모두가 보이는 곳에 두고 참석자 앞에 스위치 버튼을 일렬로 세워두면 더 효과적일지도 모른다. 발언하는 사람이 스스로 버튼을 누르고 끝나면 다시 버튼을 누른다.

이렇게까지 시간 관리 요령을 알려주는 것은 너무나 많은 사람이 남의 시간을 빼앗는 사실에 무신경한 탓이다.

5

원서를 읽는
가장 효과적인 방법

영어 독해 능력을 익힐 때에도 스톱워치를 활용한 '빨리 낭독하기' 공부법이 효과적이다. 같은 부분을 몇 번이고 낭독하고 한 단락별로 낭독 속도를 측정해서 초를 줄여나간다. 같은 문장을 몇 번이고 반복해서 읽다 보면 세 번쯤 읽었을 때 처음 읽었을 때보다 훨씬 빨라진다. 속도가 빨라진다는 것은 그 부분의 어휘에 상당히 익숙해졌음을 의미한다. 같은 문장을 다섯 번, 열 번 읽으면 단어가 머릿속에 들어와서 문장의 뜻을 파악할 수 있다.

처음부터 영어로 의미를 파악하면서 읽으려 하다 좌절하는 사람이 부지기수이다. 모르는 단어를 사전에서 찾아가며 읽는 일은 귀찮기도 하다. 도전할 원서의 번역본을 사서 어느 부분이든 좋으니 읽는다. 그 후 해당 부분의 원서를 빠르게 낭독한다. 이렇게 먼저 3~5회 반복해보라.

우리말로 예습해서 단어의 대략적인 의미를 상상하는 분량은 두 페이지 또는 한 페이지 정도밖에 되지 않으니 반드시 해보기를 바란다. 그리고 이 번역본을 통한 예습과 원서의 해당 부분을 원어로 즉석에서 낭독하는 방식을 몇 번이고 반복한다. 이때 단락에 일련번호를 붙이면 좋다.

예컨대 1장의 단락이 37개로 나뉘어 있다고 하면 번역된 책도 기본적으로 37개의 단락으로 나누어졌다. 대조해야 할 문장과 단어를 쉽게 찾을 수 있고 문장의 의미도 확실하게 파악할 수 있다. 한 페이지가 길면 단락 하나씩만 해도 된다.

아울러 나는 번역본에서 재미있는 부분에 녹색 선을 긋고 그에 대응하는 영어에도 녹색으로 선을 긋는다. 이렇게 하면 원서를 읽는다는 만족감이 더 커진다.

공간의 힘을 활용한
틈새 공부법

시간 감각은 지적 단련과 직결된다. 시간을 구분하는 습관을 들이면 공부도 효율적으로 할 수 있다. 잘만 연구하면 스톱워치가 없어도 가능하다.

나는 일하는 장소로 카페를 자주 이용한다. 시간을 구분하기 쉽기 때문이다. 카페는 일을 마치는 시간을 설정하기가 쉽다. 집에도 서재로 쓰는 방이 있기는 하지만 왠지 그곳에서는 일이 잘 안된다. 아마 온전한 내 영역이다 보니 유유자적해지기 십상이다. 내 방에서는 오히려 시간을 구분 짓는 일이 부자연스럽다.

카페에 가면 보통 한 시간에서 한 시간 반쯤 앉아 있는다. 다음 업무를 하기까지 막간을 이용해 카페에 들어간 경우라면 30분 정도일 때도 있지만 대부분 두 시간 이하다. 이 두 시간이 짧게 느껴

배움이 습관이 될 때

지지 않는다. 나는 두 시간 이내에 '여기까지 끝내자'라고 업무량을 정한다. 서재와 달리 끝낼 시간이 정해져 있어서 서두르게 된다. 업무 속도는 정해져 있지 않다. 다만 업무량에 따라서 아주 빠르게 처리할 때도 있다.

카페에서 일이 잘되는 또 한 가지 이유는 사람들에게 둘러싸여 있다는 긴장감 때문이다. 아주 분위기가 좋고 조용한 카페에서 혼자 몰입해서 일하는 건 삼가는 편이다. 사람들의 출입이 잦고 소란스러운 카페도 맞지 않다. 적당한 백색소음이 있는 카페를 선호한다.

또 하나 요령이 있는데 나는 외출할 때 업무자료 따위를 클리어 파일에 정리해서 가지고 나간다. 시간이 조금이라도 나면 파일을 꺼내 일을 하는데 이를 '틈새 공부법'이라 부른다. 특히 잡무는 그런 자투리 시간에 처리한다. 일부러 밤중에 패밀리레스토랑에 가서 귀찮은 서류를 작성할 때도 있다.

핵심은 공간의 힘을 이용해 시간을 구분하는 것이다. '그때까지는 이것, 그때부터는 이것' 식으로 일의 순서를 정하고 계속 수첩에 적는 습관을 들이자. 이렇게 하면 효율적인 업무에 대한 의식이 한층 높아진다.

수첩 하나로 만드는
완벽한 하루

아침에 일어나 하루를 아무 생각 없이 시작하는 사람이 많다. 일이든 뭐든 다 그렇지만 그날을 충실히 보내려면 계획과 업무 방식을 잘 짜는 것이 우선이다. 이때 수첩을 활용해보자. 생각보다 단순한 방식이다. 우선 하루를 시간 단위로 나눈다. 구분 방법은 예정된 일정별로 사각형 테두리를 친다. 그리고 3색 볼펜으로 분류한다. 예를 들자면 다음과 같다.

- 8시~10시 공부 : 빨간색 사각형
- 12시~1시 미팅 : 파란색 사각형
- 5시~7시 조별 공부모임 : 녹색 사각형

색깔은 좋아하는 대로 정하면 된다. 예컨대 이런 식이다.

- **빨간색** : 주 업무와 중요한 일
- **파란색** : 머리를 쓰는 일
- **녹색** : 일상 업무

이렇게 스케줄을 분류하면 행동의 의미와 중요도가 확실하게 정리되어 쓸모없는 행동을 하지 않게 된다. 수첩에 하루 분량을 다 적으면 그 순간 그날의 일과 시뮬레이션도 완성된다. 수첩을 단순히 잊지 않기 위해 메모하는 용도로만 쓴다면 아까운 일이다. 그날의 일과 시뮬레이션을 잘 구성하면 무엇을 달성해야 하는지가 명확해져서 하루의 업무를 정확하게 처리할 수 있다. 이것이 익숙해져서 수첩을 보는 일이 즐거워진다면 시간을 효과적으로 쓰고 있다는 것을 의미한다.

단순한 스케줄일 경우, 엄청나게 바쁜 사람이 아니라면 일일이 수첩에 적지 않아도 기억할 수 있다. 기껏해야 사람을 만나는 스케줄 정도라면 기록할 필요가 없을지도 모르겠다. 하지만 시간적인 순서와 중요도는 다르다. 수첩 위에 빨갛게 혹은 파랗게 스케줄을 색으로 구분하는 것은 우선순위를 정할 때 필요하다.

중요한 점은 그 작업을 당일 아침 혹은 전날 밤에 해둬야 한다는 것이다. '오늘은 누구누구를 만난다', '몇 시까지 이것 이것을 정리한다', '누구에게 메일로 보고한다'라고 일일이 기억하는 일 자체가 두뇌에 부담이 된다. 그런 메모리 작업을 수첩에 맡기면 부담이 훨씬 가벼워진다.

시험공부를 할 때에도 메모는 효과적이다. 기말시험이라면 2주 전부터, 입학시험이라면 1년 전부터 스케줄을 짜는 것이다. 누구나 이 같은 시험 예정표는 많이 만들어보았을 것이다. 그러나 어른이 되면 귀찮아서 그런 것들을 만들지 않는다. 하지만 실천에 옮겨 보면 그리 큰 부담은 아니다.

근무처에 도착하면 수첩에 줄줄이 쓰라, 하루를 색깔별로 구분하는 작업만으로도 두뇌의 부담이 즐거움으로 변하고 일이 잘될 것이다. 조금 멋을 부린다면 30분쯤 일찍 도착해 근처의 멋진 카페에서 차라도 한잔 마시며 수첩을 펼쳐보는 것도 좋으리라. 이것만으로도 한 걸음 더 창조적인 비즈니스맨에 가까워진다.

10 장

올라운드 공부법을
추구하라

능률 200% 향상,
기적의 예습법

　예습 복습이 중요하다는 말은 누구나 들어보았을 것이다. 예습
과 복습 중 어느 쪽이 더 중요한지 묻는다면 예습이 더 중요하다고
답하겠다. 예습해두면 실제 업무에서 정보 흡수율이 높아진다. 게
다가 '나는 앞서가고 있다'는 건강한 의미의 우월감이 생겨서 심리
적으로 여유가 생긴다.

　효율을 저해하는 심리적 스트레스는 없을수록 좋다. 예습해두
면 동료들보다 한발 앞섰다는 자신감이 생겨 실제 업무에 가해지
는 부담은 줄어들고 결과는 좋아진다. 뒤처졌다며 스스로에게 압력
을 줘서 분발하기보다는 '내가 1인자다', '발전하고 있다', '현재 1등
이다' 하고 열심히 하는 게 집중력 향상에 더 효과적이다.

　할 수 있다고 생각하면 더 빠르다. 예습해두면 큰 그림을 그릴

수 있으며 예측도 할 수 있다. 그러면 이해도 가능하다. 이해란 원래 예측을 통해 이루어진다. 예측함으로써 문맥이 파악되는 것이다. 이해력이 있는 사람일수록 예측해서 파악한다.

사실 업무 능력은 학교에서 배운 것의 연장이다. 그런데 대부분의 사람은 학교에서 배운 능력을 잘 살리지 못한다. 배운 것을 잘 살린다면 결과는 눈에 띄게 달라질 것이다.

학교에 다닐 때 노트에 적어 기억하는 연습을 했다. 일할 때에도 업무의 방법이나 순서를 메모해 붙여두면 머리에 쏙쏙 들어간다. 일 잘하는 선배가 일하는 모습을 지켜보며 일하는 방법을 참고해 메모해두었다 '업무 매뉴얼'로 정리한다. 지시받은 일에 대한 설명을 들을 때 '여기는 중요하다'라고 이중 동그라미(◎)를 치고, '이 순서는 이럴 경우 이렇다'라고 업무 매뉴얼을 고쳐 쓴다. 그 정도만 해도 다른 사람들과 큰 차이가 생긴다.

예를 들어 매일 반복하는 단순 업무인데도 어찌된 영문인지 늘 같은 실수를 저지른다고 하자. 이럴 때 실수 패턴을 글로 써서 책상 앞에 붙여두기만 해도 달라진다. 내 안에서 정리 및 복습이 가능하고, "저는 이런 실수가 잦은데 어떻게 하면 좋을까요?" 하고 선배나 상사에게 질문하기도 편하다. 자신의 실수를 회피하지 않고 메모하고 인정하고 나아가 선배에게 상담까지 하는 부하는 흔하지 않다. 이 점을 상사에게 인정받으면 신뢰 관계까지 형성되니 일석이조이다.

2

능숙한 질문에는
편리한 기능이 있다

    직장에 대화 상대가 있으면 공부할 때 도움이 된다. 머릿속에 있는 내용을 타인에게 이야기하는 과정에서 정리할 수 있다. 정리란 원래 분류하는 일이다. 분류하기 위해 주로 사용하는 것이 말이다. 생각만 하고 있을 때는 그저 막연했던 것이 다른 사람에게 전하려고 말로 표현하는 순간 머릿속에 정리함이 만들어져서 명쾌해진다.

    서로 말이 통하는 상대, 푸념을 들어주는 상대가 아니라 서로의 머리를 정리하기 위한 이야기 상대, 서로 정리함이 되어주는 상대가 필요하다. 점심 먹는 동안 혹은 오후 3시경 커피 마시는 10~15분만 대화를 나누어도 남은 두 시간의 업무를 어떻게 해야 할지가 머릿속에 그려진다. '어떤 결과를 내면 좋을까?', '무엇을 위해 무엇은 하고 있는가?'를 확실하게 하는 것이 말을 통해 정리하는 목적이다.

나는 학창시절 테니스 코치로 오랫동안 지냈는데 연습하는 선수에게 "무슨 생각을 하고 있지?"라고 종종 물었다. "특별히 생각하는 게 없습니다"라는 대답이 돌아올 때면 "생각이 없으면 절대로 잘하지 못한다. 오른쪽 팔꿈치든, 공의 착지 타이밍이든, 발의 중심이든 어디에 주목할지를 정하고 연습해라. 자, 다음 열 개의 공은 발의 중심에 집중해서 연습해보자"라고 조언했다.

결과를 의식해서 '무엇을 위해 연습하는지' 명확하게 파악하고 얻고자 하는 결실에 대해 끊임없이 상기하는 것이다. "열 번 중에 가장 잘한 것은 몇 번째인가?"라고 물어서 "세 번째와 네 번째입니다"라는 대답을 들으면 "그 느낌을 잘 기억해두도록!"이라고 지시했다. 효과적인 발의 중심에 대한 감각을 얻은 후 이를 100~200회 연습하면 대부분 자연스럽게 자리가 잡혔다.

만일 내가 기업에서 일했다면 "지금 무엇을 위해 무엇을 하고 있는가?"라고 질문하며 부하들 사이를 돌아다니는 상사가 되었으리라. "지금 이것을 위해 이것을 하고 있습니다"라는 대답을 들었다면 "그럼 그것을 하기 위해 무엇에 신경 쓰며 어떤 연구를 하고 있는가? 지금 문제는 질인가 양인가?"라고 물었을 것이다. 아마도 일하는 입장에서는 막연하게 하던 일을 말로 분류하며 일해야 하니 상당히 번거로울 것이다.

하지만 부하직원이 성가셔하고 싫어하더라도 능숙한 질문을 던지는 것이 올바른 상사의 자세이다. 괜히 관리한답시고 압력을 주는 것이 아니라 적절히 질문함으로써 상대가 말로 정리하게 하여 의식을 일깨워주는 게 좋다.

그렇게 하면 신기한 일이 생긴다. 질문에 답하지 못하면 체면을 구기게 되니 싫어서라도 다음에 질문을 받았을 때 '지금 무엇을 하고 있고 그것은 무엇을 위한 것이며 그것을 위해 어떤 연구를 하고 있는지', 세 가지 답을 반드시 준비하게 된다.

3

한정된 지식을
조합하는 것이 능력이다

공자님 말씀에 "술이부작"이라는 말이 있다. 술述이란 옛날의 현인들이 한 일을 정리하는 것이고, 부작不作이란 스스로 창작하지 않는다는 뜻이다. 즉, 자신은 이미 있었던 일을 기술할 뿐 새롭게 만들지 않는다는 의미이다. 현대인이 보기에도 공자는 매우 창조적인 현자이다. 술이부작을 자처한 공자는 그러한 창의성을 어떻게 만들었을까?

젊었을 때부터 몸에 밴 지식과 다독의 습관으로 얻은 지식을 조합함으로써 현실을 파악했기 때문에 창의성을 만들 수 있었다. 단순히 책을 읽기만 하지 않고 책에서 읽은 지식을 조합해 현실에 적용하고, 언제든 이를 활용하도록 생생한 상태로 간직하는 일쯤은 누구나 가능하다. 책을 읽어도 현실에 적용하지 않는다면 읽은

배움이 습관이 될 때

결과가 사멸해버리니 얼마나 아까운가. 이는 도서관의 폐가식 서고에 지식을 보관한 꼴이다.

책을 읽기만 하고 활용하지 않으면 지식은 제대로 창조적인 응용으로 이어지지 않는다. 자신의 업무와 기업 활동에 기존의 지식을 조합해서 '창의적인 것을 만들어내는 실천'을 어떻게 하느냐가 문제이다. 동시대에 활약하는 사람들의 활동과 자신의 일상적인 활동을 결부하는 연습을 시험 삼아 해보자.

기업의 강연회에서 지금 활약 중인 스포츠 선수 이야기를 들었다고 하자. 그의 트레이닝 방법을 모범 삼아 '모두가 낭비 없이 일하는 시스템'을 구축해 기업에 적용해보는 것이다. 이러한 작업은 지식의 수용자가 능동적으로 하는 것이 중요하다. 능동적으로 변환시키지 않으면 아무리 일류 선수의 이야기를 들어도 '아, 대단한 방법이다. 열심히 했구나. 하지만 나한테는 무리'라고 생각하고 끝나버린다.

4

고전을 오늘의 현실에
적용해보라

역사에 길이 남아 지금까지 대대로 전해 내려오는 '오래된 무언가'에는 공통점이 있다. 시대를 불문하고 사람들의 심금을 울릴 만한 맥락을 가졌거나 사람들의 마음을 자극해서 감동을 잘 살려낸다. 한 가지 예를 들어보자. 내가 가르치는 대학에서 학생들에게 『논어』를 읽게 한 적이 있다. 『논어』를 제대로 읽어본 학생이 거의 없었지만 전편을 읽고 그중에서 자신이 좋아하는 부분을 골라 이를 자신의 에피소드와 결부해 그 의미에 대해 발표하게 했다. 앞 순서에 발표했던 학생 중 몇몇은 다른 사람의 발표를 듣고는 자신이 대충 읽고 넘어간 부분에 많은 의미가 숨겨져 있음에 감동하는 눈치였다.

전체를 보게 된 학생들은 마지막 수업 시간에 제출하는 감상문에 『논어』가 정말 좋았다고 적는다. 구체적인 내용을 보면 공자가 먼 시대의 사람이라는 생각이 들지 않고, 지금 이 시대에 살면서 충고를 해주는 듯한 기분이 들었고 『논어』가 오늘날에도 당장 적용되는 지혜로 가득 차 있다는 사실에 놀랐다는 감상이 대부분이다. 지금으로부터 약 2,500년 전에 살다 간 인물이 남긴 말이 현대를 사는 자신의 일상에서도 얼마든지 적용 가능하다는 실감은 삶에 대한 일종의 자신감으로 이어진다.

게다가 이미 오래전 세상을 떠난 저자와 연결되어 있다는 느낌, 일본 수필문학의 대표작인 『도연초』의 요시다 겐코나 마키아벨리와 연결된다는 것은 매우 기쁜 일이다. 이렇게 지식인들과 연결되면 '내 사고방식도 크게 틀리지 않았구나', '인류 역사 속에서 나도 크게 잘못 살고 있지는 않구나' 하고 알게 된다. 그러면 마음이 든든해지고 의지할 곳도 생긴다. 이는 커다란 자신감으로 이어지고 생활력도 강해지며 직장의 업무 능력과도 연결된다.

5

글 쓰는 능력이 곧
승진으로 가는 길이다

　회의록의 효용을 아는 사람이 별로 없는 듯하다. 사실 비즈니스 현장에서는 작성 능력이 뛰어나 윗사람 눈에 들어 중요한 자리에 임용되는 경우가 많다. 대부분의 사람은 귀찮다는 이유로 메모하지 않으려 하지만 회의 때 노트북을 지참하고 즉석에서 내용을 기록하고, 회의가 끝나면 출력해서 전원에게 배포하는 일은 어느 정도의 능력만 있어도 누구나 가능하다. 실제로 그렇게 해주는 부하나 후배가 있으면 큰 도움이 된다. 회의가 끝난 후 모두가 확인하고 공유할 수 있도록 요점을 필기하는 능력, 즉 '현장 작성 능력'은 사실 비슷비슷한 젊은 직원들 가운데서 인재로 발탁되고 중용되는 비결 중 하나이다.

　높은 자리에 있는 사람일수록 말은 많이 하면서 메모하기를 귀

찾아하는 경향이 있다. 그래서 자신이 무슨 말을 했는지, 그에 대해 어떤 제안이 있었는지, 발언에 대해 자신이 어떤 행동을 해야 하는지를 나중에 확인하지 못해 곤란해하는 일이 많다. 그럴 때 자기 대신 누군가가 회의록을 적어 보여준다면 편하다고 느낄 것이다. 그런 비서 역할을 하는 존재에게는 한 번 더 눈길이 가게 되고 당연히 출세도 빨라진다.

이뿐만이 아니다. 무엇보다도 현장에서 글을 쓰는 것은 본인에게도 공부가 된다. 쓰기를 통해 스스로 문제를 정리할 수 있고 자신의 의견이나 입장도 명확히 할 수 있다. 이렇게 정리된 의견을 상부에 제안한다면 그런 직원이 별로 많지 않아서 확연히 눈에 띨 것이다.

시간을 버는 데
효율적인 구분법 시스템

일을 질질 끌고 산만하게 하면 두말할 것도 없이 업무 효율이 오르지 않는다. 구분 지어 몰두하는 것이 중요하다. 일에는 '질적'으로 구분하는 방법과 '양적'으로 구분하는 두 가지 방법이 있다.

우선 질적으로 구분하는 방법은 서로 다른 활동을 번갈아하는 것이다. 회의로 지친 머리와 접대로 지친 머리는 전혀 다르다. 또 사무적인 일에서도 기획하느라 지친 머리와 데이터 입력을 하느라 지친 머리는 다르다. 기획하느라 머리를 쓴 뒤에는 기획과 관계없는 일을 하는 것이 좋다. 성질에 따라 일을 분류하고 구분된 각각의 일을 위해 시간을 분배하는 것이다.

예를 들면 이런 식이다. 오전 시간은 자신의 골든타임이니 10시부터 12시까지 창조적이고 머리를 쓰는 일부터 하겠다고 정한 후 실행한다. 또 3시부터 4시까지는 긴장이 풀리는 시간대이므로 이때 밀린 문제를 처리한다. 또 월요일에는 사무 처리를 집중적으로 하는 등 '시간을 묶어서' 분류해 놓은 업무를 배분한다. 마치 쓰레기를 분리수거하듯 업무를 성질에 따라 정리한 후 비슷한 성질의 업무들끼리 한데 모은다. 그다음에 일반 쓰레기와 재활용 쓰레기처럼 머리를 쓰는 일 그렇지 않은 일로 나눈다. 이때 그렇게 나눈 일은 나란히 두지 않도록 배열한다.

양적으로 구분하는 방법은 '일정하게 주어진 양을 해치우며' 구분하기를 목표로 잡아야 한다. 이때 작업 속도를 높이는 일을 일종의 스포츠라고 생각하고 재미있다고 여기는 게 가장 효과적이다. 양적으로 나누고 마감 시간을 정해 끝낸다. 어느 정도 시간이 필요한 일이라면 몇 개의 '시간 덩어리'를 만들어서 그곳에 '양'을 할당한다.

나중에 집중하는 시간을 만들기 위해서라도 일부러 집중하지 않는 시간을 만들어 머리는 쓰지 않고 수동적이고 기계적인 작업만 반복하는 시간을 확보한다. 특히 양이 많고 비교적 단순한 작업을 빨리 마치는 데 이 방법이 효과적이다. 나는 수첩을 사용해서 자신이 할 만큼 시간 비율을 짜고 '머리를 쓰는 작업'과 '머리를 쓰지 않는 작업'으로 구분한다. '양'을 목표로 하면 다른 사람보다 속도가 빨라진다. 그렇게 하면 '저 사람은 일을 잘한다'는 평가로 이어진다. 꼭 권하고 싶은 방법이다.

7

단호하게
마감 시간을 도입하라

　모는 업무를 구분해 생각하면 상사도 가만있을 수만은 없다. 필연적으로 상사도 자기 관리를 할 수밖에 없다. 어떤 회사에서 회의 방식에 관한 지도를 한 적이 있다. '어떻게 하면 야근을 줄일까?'라는 주제로 의견을 나누다가 날카로운 지적이 나왔다. '상사의 판단이 느린 것이 야근을 늘리는 요인'이라는 지적이었다. 원인은 그 밖에도 여러 가지가 있었지만 어쨌든 항상 상사의 결정이 떨어지지 않아서 오래 기다려야 했고 그 결과 야근을 한다는 것이다.

　지시를 받아 움직이는 부하직원에게는 상사의 지시를 기다리는 것이 가장 힘들 것이다. 특히 저녁 5시가 지나서 지시를 받게 되면 끔찍하다. 슬슬 정리하는 시간에 업무를 시키면 웃는 낯으로 선뜻 시작하기가 어렵다. 더구나 늦게 시작했으니 시간이 부족하고 서두르다 보면 실수도 늘어난다. 좋을 게 하나도 없다는 말이다. 누구라도 싫어할 게 뻔하다. "빨리 판단해주면 일도 빨리 처리한다. 상사가 결정을 내리기까지는 일을 시작하지 못하니 꾸물대며 시간을 낭비하는 결과를 초래한다"는 게 부하직원들의 의견이었다.

그렇지만 단순히 상사에게 "빨리 판단을 내려주십시오"라고 요구하는 것만으로는 효과를 보기 어렵다. 그렇게 하지 않게 만드는 시스템이 필요하다. 그래서 나온 아이디어가 마감 시간이다. 예컨대 상사가 판단 내리는 시간을 오후 3시까지로 한정해보자. 3시를 넘긴 사항에 대해서는 그날 지시를 내리지 못하게 모두가 정한다.

업무에는 어쨌든 마감일과 마감 시간을 정하는 것이 상식이다. 일을 더 잘 진행하고 돈을 더 많이 벌기 위해서는 놓쳐서는 안 될 타이밍이 있다. 싫더라도 상사는 시간을 의식하고 결정을 서둘러야 한다.

8

시간은 기록하는 것만으로도
관리가 된다

결정하지 않으면 행동할 수 없다. 상사뿐 아니라 저마다 입장을 바꿔보면 사정은 똑같다. 판단을 해야만 행동으로 옮길 수 있다. 때로는 확신을 갖지 못해 자신이 해야 할 선택이 우물쭈물 늦어지는 경우도 생긴다. 결정해야 할 때 결정하지 못하면 행동은 멈춰버린다. 그로 인해 어려움에 처하는 것은 자기 자신이다.

그런 의미에서 시간을 만드는 방법은 의사 결정과 매우 밀접한 관계가 있다. 시간 구분을 잘하는 사람은 의사 결정도 잘할뿐더러 결정도 빨리한다. 반대로 시간 구분을 못하는 사람은 의사 결정에 서툴다.

특별히 빨리할 필요가 없는 의사 결정일 경우에는 '이것을 결정하면 이렇게 움직이겠지?', '이렇게 하려면 무엇을 결정해야 하는가?' 등을 종이에 적는다. 만약 다른 사람과 공동으로 작업하는 경우에는 적어둔 것을 메일이나 메신저로 그때그때 전달하는 게 좋다. 그러면 상대도 그것을 받아들이고 잘 따라 움직인다. 이렇게 하면 업무를 쉽게 마친다.

이처럼 자기 혼자 상사의 역할과 부하 직원의 역할을 모두 하기 위해서는 '시간을 눈에 보이는 형태로 관리'하는 노력이 필요하다. 시간을 기록하고 정리하고 한데 모으는 작업은 시간 관리에 매우 효과적이다.

9

14일이라는 시간을
완벽하게 쓰는 법

공부를 진행하는 방법에도 '마감 시간'의 사고방식을 응용해보자. 우선 2주를 하나의 단위로 정한다. 2주라는 시간은 여러모로 적당한 기간이다. 뭔가 시도할 때 그 의지가 지속되는 단위로 1개월은 조금 멀다. '언젠가 올 미래' 같은 기분이 들어 자칫 잘못하면 중간에 흐지부지해진다. 1주일은 너무 짧아서 바쁘다. 2주 정도면 의식도 지속되고 의욕도 가질 만한 기간이다. 책을 읽든 어떤 흥미로운 것을 공부하든 그 정도 시간이면 계속해서 할 만하다.

의욕이 지속되는 동안이 바로 '공부할 때'이다. 이런 이유로 2주일을 단위로 정했다. 보통 무언가 공부하고 싶은 분위기가 지속되는 기간은 2주가량이다. '영어 원서를 읽자'고 생각하면 이 정도가 딱 알맞다. 그 2주에 맞게 속도를 조절한다.

영화 〈슬럼독 밀리어네어^{Slumdog Millionaire}〉를 보기 전에 영어 원작을 읽고 싶었다. 물론 2주로 예정했다. 영화 개봉 당시에 나는 독서에만 시간을 쓸 수 있는 형편이 아니었고 책도 꽤 두꺼웠다. 하지만 2주면 다 읽겠다고 어림잡아 계산했다. 각 장이 나누어져 있어 하루 1장씩을 목표로 읽어나갔다.

사실 계획을 지키며 원서를 읽어 나가는 것 자체가 목표인지도 모른다. 때로는 집중해서 단기간에 읽어버리는 경우도 있지만, 특별히 그럴 필요가 없는 한 2주 단위로 즐긴다. 그렇게 해서 다 읽으면 뭔가 한 가지 일을 해냈다는 성취감도 든다.

일정한 기간 동안 한 권의 책을 가방에 넣고 다니는 사이에 책과 친숙해진다. 이런 느낌은 겪어본 사람만이 알겠지만 정말 특별하다. 2주 동안 나와 행동을 함께한 책에 친근감이 생긴다. 그래서 순식간에 읽어버린 책에 비해 인상이 오래 남는다.

2주 마감 시간을 정해 읽는 독서법으로 대략 한 달에 두 권을 읽는다. 어느새 내 독서 방식으로 자리 잡았다. 2주는 즐겁고 기분 좋게 공부하기 위한 가장 적당한 기간이다.

10

흥미가 가는
나만의 '붐'을 찾아라

일정 기간 동안 흥미로운 테마가 머릿속에 동일하게 계속 자리 잡고 있어야 공부가 된다. 예를 들어 『논어』에 대해 관련 서적을 2주간 읽어 나가다 보면 그동안은 머릿속에 『논어』가 들어 있다. 관련 서적은 얼마든지 있다. 다른 일 다 제쳐놓고 『논어』만 생각할 수야 없겠지만 이와 관련된 책 몇 권 읽는 동안 만큼은 '『논어』 두뇌'가 된다. 『논어』에 대한 관심의 정도가 높아짐은 물론이고 그에 대해 꽤 상세한 정보를 갖게 된다. 비록 얇은 자료나 책일지언정 몇 권을 훑어보는 사이에 지식이 축적된다.

결국 『논어』에 대해 '말할 만한 두뇌'로 바뀐다. 그러면 자연스럽게 아이디어가 속속 떠오른다. '『논어』와 주관이라는 주제로 글을 쓰면 어떨까? 상당히 재미있을 것 같다', '공자가 만약 지금까지

배움이 습관이 될 때

살아 있다면 어떤 정신적 지도자가 되었을까?'라는 식으로 말이다.

그런 일에는 2주 단위가 좋다. 2주라고 정하지 않고 질질 끌면서 일하면 모처럼 읽은 갖가지 책마저도 잊어버리고 만다. 구분 지어 한계를 정해둔 시간이므로 받아들인 지식을 100% 활용할 수 있다.

캠프를 예로 들면 쉽게 이해할 수 있다. 캠프에서는 정해진 날까지만 텐트를 치고 모닥불을 피우며 와자지껄 떠들어대고 신나게 논다. 일상과는 달리, 시간이 한정되어 있어서 무슨 일을 하든 재미있고 즐겁다. 이른바 '논어 캠프'이다. 만일 캠프가 일상이었다면 틀림없이 다른 기분이었으리라. 무엇을 하든 불편하고 귀찮아진다.

어떤 공부든 상관없다. 원전이 어렵다면 해설서나 가벼운 관련 서적도 좋다. 자신에게 맞는 형태를 도입하면 2주 만에 많은 것을 말할 수 있다. '말할 만한 두뇌'가 되면 자연히 말하고 싶어진다. 2주간 빅뱅에 흥미를 갖고 공부하다 보면 누구를 만나든 빅뱅에 대해 이야기하게 될 것이고 듣는 사람도 재미있어할 것이다. 그리고 2주일이라는 기한이 지나면 '빅뱅 두뇌'를 다음 2주 동안은 전혀 '다른 두뇌'로 교체하는 것이다. 이렇게 관심사를 옮겨 가며 탐구하는 것도 공부 방법 중 하나이다.

11

돈을 투자하면
공부에 애착이 생긴다

외국어 공부를 시작할 때 어려운 원서부터 무리하게 파고들지 않아도 된다. 우선은 가이드가 될 책이나 잡지를 찾아 그것부터 시작하기를 바란다. 도서관에 가면 만만한 내용의 잡지나 책이 셀 수 없이 많다. 요즘은 인터넷으로도 다양한 정보와 자료를 얻을 수 있다.

그렇기는 하지만 돈을 투자하는 것도 큰 의의가 있다. 돈을 어떻게 쓰는가는 가치관의 차이에 따라 다르다. 나는 두뇌를 단련하기 위해서는 어느 정도 투자가 필요하다고 생각한다. 소중한 돈을 쓰면 반드시 그만큼의 효과가 돌아온다. 그것이 설령 단 한 권의 책이라 할지라도 돈을 주고 샀다면 애착이 생겨서 공부해야겠다는 마음이 든다.

나는 책을 쉽게 사는 편이다. 도서관에서 빌려 읽는 방식이 나에게는 맞지 않는다. 나중에 반환한다고 생각하면 읽을 마음이 달아난다. 돈이 없을 적에도 책만은 사서 읽었다.

투자하면 투자한 만큼 보답이 있다. 자신에게 유용하게 돈을 쓰는 사람은 다양한 의미에서 인간으로서의 깊이, 판단력, 이해력을 갖춰 나간다. 그렇게 하면 아등바등하지 않아도 자연스럽게 출세로 이어진다.

12

14일이 한눈에 보이는
수첩 활용법

단순히 지식을 늘리는 것만으로는 그 사람의 피와 살이 되지 않는다. '머리가 좋고 아는 것이 많지만 쓸모가 없는' 사람은 얼마든지 있다. 중요한 것은 흡수한 지식을 활용해 현실의 구체적인 생활 속에서 판단을 내릴 줄 아는 능력, 즉 응용력이다. 그리고 가능하면 전문 분야 외에도 폭넓은 지식이 있어야 한다. 그런 사람이 진정한 교양인이다.

진정한 교양인은 굳이 드러내지 않아도 자연스럽게 지식이 배어 나온다. 사소한 일상의 언동 하나하나에 공부한 성과가 배어 나와 주위에 전달된다. 그것이 종합적으로 높이 평가받아 출세에도 도움이 된다.

전문 분야 이외의 지식을 폭넓게 갖추기 위해서는, 토익 몇 점,

○○자격증 같은 눈앞의 실리를 좇아 공부하는 것만으로는 부족하다. 특정한 시기나 특정한 업무에는 분명 도움이 되겠지만 시종일관 그것만 공부한다면 오히려 시야가 좁아질 우려가 있다.

그렇다고 무엇이든 이것저것 손대라는 뜻은 아니다. 자신이 깊이 있게 추구하는 공부는 몇 년이든 계속하면 된다. 그것과는 별도로 앞에서 말한 바와 같이 '몰두할 대상을 차례차례 바꾸는 2주 공부법'을 통해 지식 폭을 넓히고 깊이를 심화시키는 게 중요하다.

공부는 깊고 넓고 유연해야 한다. 좁고 딱딱하면 안 된다. 한눈 팔지 않고 공부해온 것이 있다면 잠시 제쳐두라. 새로운 것을 흡수하라. 이것은 원래 하던 공부에도 분명 상승효과를 가져다줄 것이다.

이때 수첩을 잘 활용하기 바란다. 2주를 한눈에 보는 형식이라면 더 좋다. 또한 일의 내용에 따라 기재하는 볼펜의 색을 바꾸기 바란다. 예를 들자면 다음과 같다.

- 항상 하는 일이나 습관적인 행동 : 빨강, 파랑(중요도로 구분)
- 추가적인 취미나 공부로 하는 일 : 녹색

2주마다 공부 주제에 맞춰 이름을 붙여도 재미있다. 이것저것 기록한 수첩을 보면 무엇을 하고 무엇을 하지 않았는지 확실하게 한눈에 보인다.

만일 '나는 언제나 빨간색과 파란색뿐이군. 녹색이 빈약해'라는 생각이 들면 어떤 행동을 취하겠는가? 가끔 미술관이나 연극을 보러 갈 마음이 생기고 평소에는 별로 하지 않았던 일을 해보고 싶을 것이다. 극단적으로 말하면 '쓰기 위해 행동'하게 된다. 수첩에 충실하게 적으려고 행동이 변화하는 것이다.

지적 능력과 스포츠 능력도 마찬가지이다. 단련하면 신장한다. 훌륭한 트레이닝 방법을 습관화한다면 누구라도 강력한 지적 능력을 자기 것으로 만들게 된다.